教育の過程

J. S. ブルーナー著

鈴木祥蔵
佐藤三郎 訳

岩波書店

ジェーン、アンガス、ボニー、ウィット、
リン、サンディ、ジョック
に捧げる

新装版(第二六刷)への序文

一九七七年版まえがきを付した『教育の過程』の新版の日本版が翻訳されて嬉しく思う。日本ほど教育システムの不断の改善に関心をもっている国は世界のどこにもない。日本が教育で達成した成果は非常に大きく西欧中で広く尊敬されている。私はこの仕事についての日本の学者たちの批評を常に尊重してきたし、これからも続く日本での論争に加えていただければ有難い。

また私はこの機会を利用して優れた訳者に対して謝意を表したい。

一九八五年三月

ジェローム・S・ブルーナー

日本版への序文

『教育の過程』は日本語訳された私の最初の書物である。私はあなたがたの国で非常に興味深い教育上の諸改革が行われているのを知っており、またそのことを賞讃しているので、この書物がとくに選ばれたことを大変うれしく思っている。と同時に、この書物が、このきわめて重要な分野に対するさらに一そうの関心を刺戟するに役立つであろうことを希望する。

『教育の過程』が最初一九六〇年に出版されたときには、その書物の性格からいって、将来に対する一種の約束手形にすぎないのではないかと思われた。だが、わずか二年たったいま、すでにその効果的な影響のいくつかを見ることができるのである。それは数学、社会科学、初等科学、またプロジェクト英語(訳註――初等・中等学校の英語教授法を改善するための合衆国連邦教育局の新しい計画《プロジェクト》のこと)のような異なった分野におけるいろいろな教育課程の編成計画に関連をもってきたとさえいいうるのである。この本を生みだす直接の刺戟となった一九五九年のウッヅ・ホール会議は、この国のいろいろな場所でいま試みられている考え方に対して多大のインスピレーションを与えてきた。これらの実験の多くは成果があがるものと思われるが、もちろん学習の諸方法を工夫するということは、教育そのものと同様に、決して終ることのない仕事なのである。ますます明確になってきた一つの点は、そのようなことがらにおける構造の重要性ということである。一度この構造の重要性ということが十分に受けいれられると、さらに程度をすすめて、もっともっと年の小さい子どもたちにさらに一そうこみ入った教科を教えることが可能になる。この傾向が発展するにつれて、それはまた逆に、公教育に偉大な教師と同様に偉大な学者が参加することの必要をより明白にし、より緊急なものとするようになる。

この書物のなかで私がいっているところの、どの年齢のだれに対しても、どんなものでもそのままのなんらかの形で教えることが可能であるといういま一つの主張は、当時としては向うみずなものであったと私には思われる。だが今日、それはかなりよい配当金を支払っており、以前には複雑すぎるとか抽象的すぎると考えられた教科を随分小さい子どもたちでも事実、基本的に把握することができるものであるということが分っている教師はどこにでもいるのである。直観と発明の重要性が実験中の教育課程の重要な部分となってきて、しかも承認される道を順調にあゆんでいるという事実は喜んでよいことであろう。

日本版への序文

世界のいろいろな国がたがいにほかの国の進歩と実験に注目して、すべての世界の子どもたちに、ますます複雑になってゆく今日の文明に歩調を合せた教育を確実に与えるのはよいことである。私はこの小冊が意見の交換に役立つことを希望するものである。

一九六二年十月四日

マサチューセッツ州　ケンブリッジにて

ジェローム・S・ブルーナー

ウッヅ・ホール会議参加者名

カール・アレンドーファ博士（ワシントン大学　数学）
リチャード・アルパート博士（ハーバード大学　心理学）
エドワード・ベーグル博士（エール大学　数学）
ジョン・ブラム博士（エール大学　歴史学）
ジェローム・S・ブルーナー博士（議長）（ハーバード大学　心理学）
C・レイ・カーペンター博士（ペンシルバニヤ州立大学　心理学）
ジョン・B・キャロル博士（ハーバード大学　教育学）
ヘンリー・チョンシー博士（教育テスト事業部　教育学）
ドナルド・コール氏（フィリップス・エキセター・アカデミー　歴史学）
リー・クロンバック博士（イリノイ大学　心理学）
ギルバート・フィンレー氏（イリノイ大学　物理学）
ジョン・H・フィッシャー博士（コロンビア大学教育学部　教育学）

ウッヅ・ホール会議参加者名

ジョン・フローリー氏（イーストマン・コダック社　映画撮影法）
フランシス・L・フリードマン博士（マサチューセッツ工科大学　物理学）
ロバート・M・ギャグニー博士（プリンストン大学　心理学）
ラルフ・ジェラード博士（ミシガン大学　生物学）
H・ベントレー・グラス博士（ジョンズ・ホプキンズ大学　生物学）
アーノルド・グロブマン博士（アメリカ生物科学研究所　生物学）
トーマス・S・ホール博士（ワシントン大学　生物学）
ベールベル・インヘルダー博士（ジュネーブ、ルソー研究所　心理学）
ジョン・F・ラティマー博士（ジョージ・ワシントン大学　古典学）
ジョージ・A・ミラー博士（ハーバード大学　心理学）
ロバート・S・モリソン博士（ロックフェラー財団　医学）
デイヴィッド・L・ページ博士（イリノイ大学　数学）
リチャード・ピーターズ氏（アンドーヴア、フィリップス・アカデミー　数学）
ウィリアム・C・H・プレンティス博士（サスモア・カレッジ　心理学）
ポール・C・ローゼンブルーム博士（ミネソタ大学　数学）

ケネス・W・スペンス博士（アイオワ州立大学　心理学）
H・バー・シュタインバック博士（シカゴ大学　生物学）
ドナルド・テイラー博士（エール大学　心理学）
ハーバート・E・ヴォーン博士（イリノイ大学　数学）
ランダル・M・ウォーリー博士（パーデュー大学　物理学）
ダン・ウィリアムズ博士（カンサス・シティ大学　映画撮影法）
ジェロルド・ザカリアス博士（マサチューセッツ工科大学　物理学）

一九七七年版まえがき

人は一度書物を出せば、普通にはその本のことを考えなくなり、つぎのべつのことに向うか、よく考えたうえで改訂するものである。私は『教育の過程』後、その続きのつもりで『教授理論に向けて』(*Toward a Theory of Instruction*, Harvard University Press, 1966)、『教育の意義』(*The Relevance of Education*, Norton, 1971)の二冊を書いたが、『教育の過程』をおきざりにすることも、改訂することもできないでいた。

長く思案してきたのにはいくつかの理由がある。

第一に、この書物は最初はアメリカで、そしてつぎには翻訳に伴って、ソヴィエトから日本、デンマークからメキシコに及んで、争点がアメリカとは全く異なった外国においても、教育論争の中に巻きこまれてきた。そして、明らかに、その初版後の一七年間は激しくて深刻な教育論争の年でもあった。さらにこの書物の初期の受け入れ方とそれに対する広汎な論評は、私には驚きであったといわざるを得ない。

驚いたのは、知識に関する構造主義者的な見解と知る過程に関する直観主義者的アプローチを表明しているこの書物が、長く経験主義が支配し〝学習理論〟がそれを増幅してきたアメリカで非常な注目をひいたということである。

第二に、この本はまた、とくに著名なピアジェ、チョムスキイ、レヴィ・ストロースのような人間の知る働きについての構造主義者流の解釈の出現に見られる変化を反映していることも明白である。いま振返ってみると、この三人のすべてが私の考え方に深い影響を与えたことになんら疑う余地がない。その後、私はこの最初の二人の研究の知的とりことなり、三人目のストロースを遠くから賞賛してきた。彼らの研究が新たな展開を見せたと同じく、ほとんどはこの書物の出版後のことだが、教育の過程に関する私の考え方も新たなものとなってきた。

最後の第三の理由だが、この本の出版後、私は〝教育課程開発〟と呼ばれる教育事業にますますかかわるようになり(これも再度の驚きだが)、続いて人間科学を教える学校教育課程ともいえる『人間――その学習指導要領《コース・オブ・スタディ》』開発チームを指導した。それが私にこの書物に立ちもどって考えつづけさせることになった。

今回『教育の過程』の新しいペーパーバックへの序文を書くにさいして、以上にのべた三つのことがらについて一言言及しておきたい。その三つは密接に関連しているからである。

最初に、アメリカとよその国における教育論争の中でこの書物はどのような役割を果したのであろうか。どの学問研究の分野であれ、知識は派生的構造をもっているとの考え方、例えば科学というものは、頭の中にきわめて少しのことをとどめるだけで非常に広範囲の特殊事項を処理できる抜け目のない方法であることは、とりたてて新しいものではない。実のところ、それがプラトン哲学の中心であり、物理学、化学、生物学の進歩はそこから特殊事項が派生してくる一組の基礎的な定理や典型《パラダイム》をつくり出すことにもとづいてきている。チョムスキイは最初の著作『言語の考察』(*Reflections on Language*)において、知識を組織するさいに、なにか自然的、いや〝生得的〟ともいえる方法というものがあり、それは多分、人間、その行為、その意図にかかわる場合を取扱うときよりも〝もの〟にかかわる場合に強力ではないかと考察している。

私たちは、政治学、経済学、人文科学では公理的な深い構造を容易に見つけ出すことができず、これらの分野における事件と考え方《アイディア》との間の関連形式は自然科学のそれと異なっているだけでなく、本来、人間の知力によっては近づきがたいことも十分に考えられる。

だがそうであるとしても、過去半世紀の知識の非常な進歩によって、とくに教育に関心をもつ思想家たちは、急激に増加しつつある学問的知識を新しい世代に伝達する新鮮な方法を求めるようになってきている。そこで、基礎的原理、根底にある公理、影響力の大きいテーマを教えることに強調点が移り、生徒に対して物理学について語るのでなく、物理学そのものを語るべきだと変ってきたのも当然である。そのような方法には困難が伴うのは十分分っているが、知識を伝達し、知的技能を創り出すことを教育の目的とするのであれば、それしか考えられない。

そのような目的のために考えられたプログラムが〝ラセン形教育課程〟である。その教育課程を工夫した人びとは、問題解決に取組んでいる学習者がすでに所有しているか、または学習者が自然にもって生れたいくつかの思考方法を結びつけて――それまでは結びつけることをしなかった――よせ集めることのできるいくつかの思考様式を用いることによって、知識への接近が可能であるとの立場をとった。学習者がげんにいま居るところから教えはじめる。また、生徒が学習者としての道を歩きはじめるとき、いつでも教えはじめるのである。私が「どの教科でも、知的性格をそのままにたもって発達のどの段階のどの子どもにも教えることができる」と提案したのは、このような気持からであった。教えようとする問題を学習者の能力とマッチさせるか、マッチできるような問題の側面を見つけるのである。そのような気持が、私の仮説言明の背後にあった。それは時には重大な誤解を招き、「あなたは本気で、微積分を六歳児に教え得ると思っているのか」と聞かれたこともある。それは、確かに私がいおうとしていることからそれている。六歳児に、確かに極限の観念を教えることができるのであって、それこそ微積分の基礎的観念を把握させる道に沿った素直な一歩なのである。

アメリカやその他の国でさまざまな形の教育論争が起った。それらの論争のすべては、対照的な一対の見方として対立している。この書物が提起した見解は、より情動的、より実用的、より政治的、より〝伝統的〟な見解とは対照的に、あまりにも認知的だといえよう。よその国以上に学校を社会的、情緒的技能を教える道具とみなしているアメリカにおいて、批判者たちは、私たちが提案しているプログラムは一面的に知性の訓練に傾いていると非難する根拠として、ブルームの『教育目標の分類学』(*Taxonomy of Educational Objectives*)をとりあげている。『教育における空想と感情』(*Fantasy and Feeling in Education*)の著者リチャード・ジョーンズのような批判者たちは、自己発見に向けた教育の方向づけを提唱した。そして確かに、知力を伸ばすことと情緒的成熟を育成することとの間には何らの対立もあるはずはないことを注意しさえすれば、そのような批判は誤ってはいない。

この本が最初に翻訳されたソヴィエトでは、この本からの〝メッセージ〟(そう呼ばれうるとすれば)は、学校に見られる政治的独善主義《ドグマティズム》と戦う武器、つまり知性の自立を生み出すであろうプログラムとして受けとめられた。日本で、この本は古い教育の型にはまった伝統主義に反対する声だとして広く読まれた。イタリアで戦いは三面にひろがる激しいものがあった。すなわち、マルクス主義者はこの本を認識論的理想主義(従ってブルジョア的)の一形態だと攻撃し、古典派は偉大な学問的伝統に立つ人間主義的学習への攻撃だとみなした。これらの対決状況においては、教育に関する論争は、実は教育ではなく、政治的理想とイデオロギーにかかわっていた。政治と教育との間の深い関連を私に気づかせてくれたのは誰よりもマイケル・コールであったと思う。彼は、西欧の理想をアフリカの学校教育に導入して、暗黙のうちに子どもを自ら思考し、自らを権威としてみなすように強いるならば、その結果として土着社会の伝統的権威構造の土台をくずすことになると指摘した。教育を変えれば必ずその社会の他の面に――変化があれば――影響を及ぼすものである。そして、正反対の文化的理想の中に向う見ずに走り入ろうとして失敗することが多い。従って、イギリスの学校体系の〝総合化〟をめぐっての論争が加わる場合、議論は間接的に教育にかかわるだけで、はるかに多くは直接的にイギリスの階級制度とかかわってくるのである。

とくにアメリカにおいて、知性を育成する手段としての教育課程の問題は、間もなく他のことがらによってとって換えられた。一九六〇年代の中頃までに、深く根ざした社会的諸力がアメリカの学校の中に予期もしない混乱をひきおこしていた。それらの諸力は、新しい平等と社会そのものの性格に関する新鮮な再定義を求めようとする共通の源から出ていたようである。最初のうち、それを推進したのは、アメリカの生活において教育の機会を含めた正当な分け前を求めるアメリカの黒人社会であった。この〝期待高揚の革命〟から生れた不満の拡大は、多くのアメリカ人がそこにまさかとも思われる腐敗と無神経を見つけ出したベトナム戦争の混乱によって何倍も増幅され、――これをもっとも深刻に感じたのは若者であった。若者はこれまでになく、自分たちの力で何とかしなければならないと感じた。六〇年代の末までには、若者たちを社会そのものと社会の学校――つまり学校は若者がもっとも密に接している社会の部分であるからだが――からの疎外に導いたその他の要因も確かに存在していた。そのような道徳上の危機状況の中で、教育により多くの〝意義《レリバンス》〟を求める叫びが高まるにつれて、教育課程の問題は色あせてしまった。このような暗黒の、そして激動の時代のある日、私は友人のイバン・イリッチの訪問を受けた。彼はその時までに、学校は子どもを奴隷化する主犯であり、〝従順で、ほどほどに技能を身につけた労働力〟を生産するための不正な社会の主要道具であるとの信念をもちつづけていた。ニューヨーク・タイムズのフレッド・ヘッチンジャー記者が最近いっているように、教育システムは改善さるべき手段というよりも攻撃の的とされてきたのである。

ところが今やふたたび、均衡の再調整の時期を迎えようとしている。オックスフォード大学のラスキン・カレッジにおけるジェイムズ・キャラハンの演説は、教育問題についてはグラッドストーン以来最初の首相声明であった。カーター大統領は、国会内で教育政治家として評判の高い上院議員のモンデールを、副大統領に選んだ。ネビル・ベネットの『教授様式《スタイル》と生徒の学習向上』(*Teaching Styles and Pupil Progress*)と題する書物は、教師の役割とはなにかを考える討論を再開し、イギリスは実現するとはいえないまでも、国家教育課程についての全国的討論に着手すると宣言している。だが教育論争がどうなるかを予知するのは慎重であるに越したことはない。この私の書物ではドロップアウトには全然触れず、学校や社会からの疎外の問題には意識的にほとんど言及せず、脱学校論にも気付いていない。

さてここで、あまり世俗的でなく、この書物がかかわっている知的状況の変化に眼を向けてみよう。この本を執筆している時にジョージ・ミラーが私にチョムスキイの新著『統語構造』(*Syntactic Structures*)に注目するよういったことを思い出す。チョムスキイが、言語における単語の順序を、文中において隣接して現われる語の連鎖的な連結の形式を引き出すことによって説明しようとした有限状態文法を力強く排除しているのを読んで興奮したことを覚えている。彼は、話者がなんらかの程度でも埋込《エムベッディング》みが行われている文を発することが(あるいは人が発した埋込みのある文を聞いて理解することが)出来るためには、話者は文の形成と変形の規則を全体として把握しなければならないと主張し、それを証明したのである。もし私がチョムスキイのいっていることの意義を十分に理解し得たならば、教育上の達成を言語能力《コンピテンス》と言語実践《パーフォーマンス》――後者は前者の表面に現われた表現である——と関連づけて分析しようという気に、確かになったかも知れない。そして、言語の規則が、順序づけ、代入、転置などといった直観的に単純な概念に基礎をおいているのと同じように、どの教科でもその深い理解には、原因と結果、他動性、等価性のような直観的に単純な概念が必要なのである。しかしそれ以上のものがある。ピアジェのそれと同じくチョムスキイの形式主義はだんだんと魅力を失ってきた。彼らの形式主義は彼らの研究の出発点となった機能《ファンクション》への関心——知的活動を促し動機づける適応的〝推理力《リーズン》〟から離れてきた。最近、〝ことば行為《スピーチアクト》〟理論上の出現に伴って、機能主義が言語学にもどってきた——ジョン・オースティンの『語による物の処し方』(*How to Do Things with Words*)は『教育の過程』の一年後に発表され、それの語用論に与えるインパクトがいま漸く分りかけてきたところである。仮説が変化の影響を受ける諸条件を研究しているジュネーブのインヘルダーの新しい研究の出発は、ピアジェの形式主義を修正しつつある。最初は認知の発達、続いて乳幼児期の言語獲得と進んできた私自身の研究は、知的、言語的構造規則を生み出すさいの機能の役割の方向に向けられていた。

実のところ、この書物の中での教育学にかかわる私の考え方はほとんど非現実的であるにちがいない。だが私の見解は、部分的にはこの本でのべた事情に影響されているとはいえ、初期の問題解決や言語獲得における〝成人の直観〟に関する私自身の研究にもとづいている。すなわち、学習者が自力で発見できるようにするためには、〃教師〃に対してかなりの技能活動が求められるのである。例えば、子どもが自分でできる程度の課題だけは未解決のままにしておくように課題を仕組むこと、子どもは解決に必要な諸要素を遂行できなくても、それらの要素をどれだけ認識できるかを教師が知っているということである。言語獲得についても同じことがいえる。すなわち、あらゆる形の援助学習におけると同じように、子どもが言語を獲得するためには、対話の中に大いに参加することが必要であり、その対話は用意周到な大人の相手がいてこそ安心して行われるのである。

　私のいう学習の成否は、(学習者と教える人《チューター》との間の)合同で注視する《ジョイント・アテンション》こと、共同で何かしてみること、両者の間の社会的関係を大切にすること、学習しようとしている主題を正しく適切にとりあげられる対話の世界をつくり出すかどうかにかかっている。学習のためのこのような機能の設定——その内容はどうであれ——を無視すれば、学習は干涸らびたものになる。

　そうであるから、一九六〇年代には知識の構造主義観が、とくに教育問題に関して、アメリカの思想の主流であったが、もはや今はそうではない。今ではほとんど〃既成〃のものとなった見解を改めて、機能や動機づけへの配慮が中心的な位置を占めようとしている。

　最後にこの書物とかかわって考えつづけていたことの一つである教育課程の作成についてのべ

たいと思う。そのような仕事に従事した人は誰でも多くのことを学んだはずである。しかし、運よく一つの大きなことも学んだであろう。教育課程は生徒よりも教師に向けられたものである。それが教師を変え、動かし、不安にさせ、知らせることができなければ、教えられる側に何らの影響も与えないだろう。それは先ずなにも増して教師のための教育課程でなければならない。それが生徒に対してなんらかの効果をもつとすれば、教師に対して効果があったからであろう。よく作られた教育課程は、一まとまりの知識を(教師によって)汚染されてない生徒に伝えるため〝教師の影響から遮断する〟(teacher-proofing)方法であるという考え方は馬鹿げている。その意味で『教育の過程』は、大部分が生徒と生徒の学習過程を取扱っているのであるから完全な本とはいえない。だからこの本につづいて出された書物に『教授理論をめざして』の題をつけたのも驚くほどのことはないだろう。

とはいっても、十分思慮してきたのであれば、なぜ適当な時に改訂版を書かなかったのかとの質問に答えなければならない。それが可能であったとは思われない。書物というものは、よかれあしかれ、時と場所と状況の産物である。それが書かれて公表されたがために私の心の中に起った変化は私のその後の労作に記録されている。〔その一つの例がジェレミイ・アングリンが編集した拙稿集『与えられた情報を越えて』(Bruner, J. S., *Beyond the Information Given*, George Allen

& Unwin, 1973)であって、一九六〇年後の私の研究経過についての彼の鋭い考察論文が収録されている。〕

終えるにあたって、今日までこの小さい書物の版を重ねて評判を高め、そして今回、これまでの経緯についての私の意見を書く機会を与えて下さったハーバード大学出版局に対して感謝の意を表したい。

一九七七年一月

オックスフォードにて

ジェローム・S・ブルーナー

まえがき

一九五九年の九月に、ケープ・コッドのウッヅ・ホールに、およそ三十五人の科学者、学者、教育者が集まって、わが国の初等、中等学校における自然科学教育をどう改善するかを討議した。その十日間にわたる会合は全米科学アカデミーによって召集されたものである。全米科学アカデミーの教育に関する委員会は、この数年間、科学知識をアメリカ中に普及する方法の改善という長期におよぶ問題を吟味してきた。その意図は、なにか緊急な計画をたてるというのではなくて、若い生徒に、物質観と、科学の方法を教えるさいの基礎的諸過程を吟味することであった。また、その目的は有能な若いアメリカ人を科学者にすることでもなかった。そのような結果になるのは望ましいにはちがいないけれども。この会合を促進したのは、むしろ、つぎのような自覚からであった。すなわち、いまや科学教育の教育課程とその教授の方法を創りだすという新しい前進の時がやってきて、それへの関心がもたれはじめたが、将来の発展をよりよく導いてゆくためには、この動きを全般的に評価しておくことが順序にかなっているという自覚であった。

指導的な物理学者、数学者、生物学者、化学者は、教育課程の編成に大きな努力をかたむけはじめており、また科学のほかの諸分野でも、同じような計画が予想されていた。この国に、新しいなにごとかが起っていたのである。一九五九年の夏に、アメリカ合衆国を旅行でもしたら、コロラド州のボルダーで、一団の著名な数学者たちが、小学校、中学校、高等学校《ハイ・スクール》(訳註――シニア・ハイ・スクールと限定しないときには、通常、八・四制の後の四年間の学校のこと)用の新しい教科書を書く仕事に従事しているのを知ったであろう。カンサス・シティでは、一流の生物学者のグループが、第十学年の生物学の課程で使う、細胞の構造や光合成のような教材の映画を忙しく製作しているのが見られた。イリノイ州のアラバナでは、小学校の児童に基本的な数概念を教えるという、あわただしい仕事がおこなわれていたし、パロ・アルトでは、小学校の初学年で幾何学を教えるための教材を試作している一人の数学論理学者が見られたであろう。マサチューセッツ州のケンブリッジでは、高等学校の生徒用の「理想的な」物理の課程をつくる仕事が進行しており、教科書の著者や映画の製作者だけでなく、理論物理学や実験物理学で世界的な名声を博しているひとびとも、その仕事に従事していた。全国いたるところの研究機関で、学校教師たちが、すでにこの新しい物理課程を試みたことのある他の教師から、その教え方の訓練をうけていた。ボルダーでは、中学校の生物課程についての予備的仕事が進められており、オレゴン州のポートランドでも、化学者のグループがその分野で同じような仕事に従事していた。いろいろな学会が、その学会の指導的な学者と学校教師を接触させる方法をさがし求めていた。教育学者や心理学者としても、教授方法と教育課程の性格を改めて吟味し、新鮮なとり組み方を、徐々に考えるようになってきていた。そのような事態を全面的に評価する時期が、まさに熟していた。

自然科学の教育と研究の分野で、それぞれなんらかの責任を負っているいろいろな団体もまた、前進と将来の展望を全般的に吟味する時点にたっしていた。アメリカ科学振興協会(American Association for the Advancement of Science)、ニューヨークのカーネギー財団、さらに全米科学アカデミーは、大学の科学者と学校で教育にたずさわっている教師の間のより密接な関係を促進する方法をかなり議論してきた。このウッヅ・ホール会議を計画するさいに、これらの諸団体は気前よく相談にのってくれた。全米科学財団(National Science Foundation)は、いわば、すでに仕事をはじめていたといってもよく、さきにのべたいろいろの教育課程の諸計画が進んできたのは、主として、この財団の財政的援助と精神的支持によるものであった。この財団はまた、合衆国連邦教育局、空軍、ランド財団とともに、ウッヅ・ホール会議に財政的援助を与えている。

この会議の参加者の名は巻頭にかかげてあるが、その参加者の構成にはユニークなものがある。さきにのべた教育課程作製の計画委員会のほとんどすべては、教科書を書き、新しい課程を教え、映画またはそのほかの教材を準備する仕事に従事している科学者たちを、それぞれ代表として出してくれた。さらに、知能、学習、記憶、思考、動機づけをおもに研究している心理学者たちも出席した。奇妙に思えるかもしれないが、心理学者たちが、指導的な科学者たちと、それぞれの分野の学問を教えることに関連した諸問題を討議するために一堂に会したのははじめてのことであった。心理学者自身にしても、行動心理学、ゲシュタルト心理学、心理測定法、ジュネーブ学派の発達観やそのほかの広い分野にわたるいろいろな見解を代表していた。ところが、直面している問題の前では、それら諸分野の間の相違も色あせていた。会議のグループのもう一つの特色は、教科の教師、生活指導の教師、視聴覚法のエキスパートといった専門的な教育者たちが代表として出ていたことである。最後につけ加えていえば、会議に出た参加者の二人は歴史学者であった。

会議を計画するときに、つぎのような確信をわれわれはもっていた。つまり、問題をただまったく自然科学の教育に限るのは賢明でないであろうし、窮極の問題はそれよりももっと一般的であろうから、自然科学の教育のなかに含まれている諸問題を、たとえば、歴史学のような、もっと人文的な科学の分野に包含されている問題と比較することが、展望をするうえに好都合であろうという確信である。この確信は、結局、健全なものであることがやがて明らかになった。わが歴史学者たちはこの会議に大いに貢献してくれたのである。

ウッヅ・ホールの会議のやり方をのべれば、この書物が出された理由を説明するに役立つであろう。開会の数日間、終日の日程にしたがっていろいろな教育課程計画《プロジェクト》の作業——学校数学研究グループ(School Mathematics Study Group 訳註——いわゆるSMSG)、イリノイ大学学校数学委員会(University of Illinois Committee on School Mathematics 訳註——いわゆるUICSM)、イリノイ大学算数計画委員会(University of Illinois Arithmetic Project)、ミネソタ学校数学センター(Minnesota School Mathematics Center)、生物科学教育課程研究会(Biological Sciences Curriculum Study 訳註——いわゆるBSCS)物理学研究委員会(Physical Science Study Committee 訳註——いわゆるPSSC)——の進行状況の報告と評価を行なった。さらに、アメリカ史の教育課程に必要なことについての綿密な報告があった。われわれはまた、教育実践に関する最近の研究を吟味する時間をとった。リチャード・サッチマン博士による、イリノイ探究力訓練研究(Illinois Studies in Inquiry Training)に関する映画の実写があったが、それはどうすれば子どもが、探究的な質問をするように教育されるかを取扱ったものであった。ベールベル・インヘルダー博士による、年少の子どもの思考過程についてのジュネーブ・グループの最近の仕事をとった映画の実写もあった。事実、会議が教育の直接の問題からあまり離れないように、デイヴィッド・ページ博士が主任をしているイリノイ大学算数計画委員会で使用されている技術を、彼が教師となって、ある学級で実演することに午後の時間があてられた。ティーチング・マシンは、ハーバード大学のB・F・スキナー教授によって実演されたが、それは活潑で、ときには激しい討論をみちびきだすことになった。会議のはじめの頃の夜には、生物学や物理学の教授用映画をみてくつろぐことができた。時間は有効に満たされたのである。

会議が始まって数日たつと、参加者は五つの作業グループに分けられたが、そのグループの第一は「教育課程の順次性」(Sequence of a Curriculum)、第二は「教具」(The Apparatus of Teaching)、第三は「学習の動機づけ」(The Motivation of Learning)、第四は「学習と思考における直観の役割」(The Role of Intuition in Learning and Thinking)、第五は「学習における認知過程(Cognitive Processes in Learning)に関するものであった。*

* いろいろな作業グループのメンバーはつぎのようになっていた。
「教育課程の順次性」——ジョン・ブラム、ギルバート・フィンレー、アーノルド・グロブマン、ロバート・S・モリソン、ウィリアム・C・H・プレンティス、ハーバート・E・ヴォーン。

「教具」——C・レイ・カーペンター、ジョン・B・キャロル、ジョン・H・フィッシャー、ジョン・フローリー、H・ベントレー・グラス、ドナルド・テイラー、ダン・ウィリアムズ。

「学習の動機づけ」——リチャード・アルパート、リー・J・クロンバック、ジョン・F・ラティマー、リチャード・ピーターズ、ポール・C・ローゼンブルーム、ケネス・W・スペンス。

「学習と思考における直観の役割」——ヘンリー・チョンシー、ロバート・M・ギャグニー、ラルフ・ジェラード、ジョージ・A・ミラー、ジェロルド・ザカリアス。

「学習における認知過程」――エドワード・G・ベーグル、ジェローム・S・ブルーナー、ドナルド・コール、フランシス・L・フリードマン、ベールベル・インヘルダー、デイヴィッド・L・ページ、H・バー・シュタインバック。

執行委員会は会議の作業を調整するものであったが、それは、エドワード・G・ベーグル、ジョン・ブラム、ヘンリー・チョンシー、リー・J・クロンバック、フランシス・L・フリードマン、アーノルド・グロブマン、ランダル・M・ウォーリー、それに議長のジェローム・S・ブルーナーのひとびとからなっていた。

会議の後半は、ほとんどこれらの作業グループの活動にあてられた。各グループは長い報告書を準備したが、これらの報告書が用意されているかたわら、それぞれの報告が全体会議の討議に付された。主要点については、いろいろな作業グループ間にかなりの一致点があったが、会議の全体集会は問題点を討議することのほうに関心があって、概して会議の全員一致を求めようとする努力はなされなかった。この書物が出るようになったのは、こうしたことに起因している。

これらのいろいろな作業グループの報告書は――そのコピーはワシントンの全米科学アカデミーを通じて手に入れることができるが――明らかに、討議に付すという要請と見解から準備されたものであった。それは、決定的な声明または宣言にしようというつもりではなかったのである。それでも、これらの報告書やこの会議の全体のなかで、いくつかのテーマが再三出てきたが、三十五人の生気にあふれたひとびとが、最終的な報告書をどう作るべきかという点で同意に達しようとして、妥協のあまり、これらのテーマを見失ってしまいでもしたら、まったく不幸なことであったにちがいない。

このようなわけで、議長(訳註――著者ブルーナーのこと)の報告書――といっても、それは多分に自己の見地からみて、主要なテーマ、主要な推測、到達点にたっしたもっとも顕著な暫定的結論と思われるものを選んで説明することになろうが――を準備するのは議長の肩にかかることになった。たとえ議長が、どれだけ自分の仲間の考えを反映しようと努力しても、以下に書いてあることについて、主として議長に責任があるのは当然である。このようなわけで、この書物の草稿をつくるにあたって、私は作業グループが準備した書類や全体会議でとったノートを自由に使った。回覧するための報告書の最初の草稿を準備するにあたって、私はとくに会議の参加者であるマサチューセッツ工科大学のフランシス・フリードマン教授とハーバード大学のリチャード・アルパート博士の助力を得たのであるが、この二人は、報告書の輪廓を考えるだけでなく、その輪廓のなかに含めるいくつかのアイディアを引き出して私を助けてくれた。議長の報告書の最初の草稿ができあがると、そのコピーは会議の全参加者に送られ、意見と批判を求めた。何人かの仲間は長い意見書を書いてよこしたが、そのほとんどすべては、欄外にでも書きとめてよい性質のものであった。拡大意見、若干の個所における不同意、肯定意見の表明、もっと極端ないい方をしてもよいという意見またはそのことに反対であると注意している意見、自分の考えが省略されていることについての若干の不満、また会議をふりかえってみる気持から私がつけ加えた考えについての不満のいくつかなどがあった。ある一人はその長い意見の中で、前操作的思考(preoperational thought)から操作的思考(operational thought)への推移に関するピアジェの見解が、報告書であまりに重くとりあつかわれすぎていると異議を申したてている。またべつの一人は、最初の草稿は、教具の問題に申しわけにふれている程度であって、よくテストされたいろいろな装置からなっている「教具の調和のとれた体系」を勧めている視聴覚の専門家の見解を無視しているとの不満をのべている。「調和のとれた体系」という原理は、討議で支配的だと私には思えた見解——すなわち、教具は教育目標の達成を助ける手段であり、調和を保たせてくれるのはこれらの教育目標であって、器具の存在ではないという見解——にくらべれば二義的ではあるけれども、結局のところ、教具に関する章は私のはじめの予定より多くなることになった。

要するに、参加者の意見は最終草稿を準備するのに大いに助けとなったが、繰返していえば、それは全員一致を見出そうという気持で企図されたものでなかったのである。むしろ、以下にのべることは、私がいだいた「会議の感じ」であり、私がこの仕事にもちこむ私なりの傾向と好みを反映しないわけにはいかないであろう。だがそれと同時に、この書物は、会議のなかから芽生えた諸見解と、その会議後のはげしい往復書翰による意見のやりとりをも示している。

会議後の冬のことであったが、最終草稿の準備にあたって、ウッヅ・ホールの仲間が何回か有益な討論をもってくれた。それが私にはとくにためになった。イリノイ州のアラバナで、最終草稿をもっとも徹底的に吟味したのだが、そこで私はリー・クロンバック、ギルバート・フィンレー、デイヴィッド・ページと一緒に、数カ月間の往復書翰のやりとりと草稿の交換のあとでも討論の余地のあった点に関して、集中的セミナーともいうべきものをもった。私はまたありがたいことに、ケンブリッジでハーバード大学の私の同僚であるリチャード・アルパートとジョージ・ミラー、マサチューセッツ工科大学のフランシス・フリードマンとジェロルド・ザカリアスらと討論をつづけることができた。ウッヅ・ホールに出席しなかったが、初等、中等教育に密接に関係しているポール・ブランドウェイン氏とエドワード・ヨーマンズ氏もまた草稿を読み意見をのべてくれた。

この種の共同的企画においては、特別に感謝をしなければならないひとびとがいる。そのなかで最初にあげなければならないのは、ただ会議を召集することを思いついただけでなく、知性的で、献身的な努力をはらって、ありとあらゆる可能な方法で会議のお膳立をしてくれた人である。それはほかならぬ全米科学アカデミーの教育部長のランダル・ウォーリー博士で、会議を思いたち、その予算と設営について配慮し、参加者の選定を援助し、会議が効果的に運営されるよう全般にわたって仕事をして下さった。ウォーリー博士はパーデュー大学から許可されて全米科学アカデミーにきていたのであって、いまはその理学部の部長代理になって大学にもどられている。会議そのものの仕事は、ハーバード大学のエリーノ・ホーラン夫人、全米科学アカデミーのエリザベス・ラムゼイ夫人、ロックフェラー財団のミルドレッド・ランシマン嬢、マサチューセッツ工科大学のマーガレット・ガーザン嬢ら事務員の、熱心で、かゆいところへ手のとどくような気配りの努力で、大変うまくゆくことができた。全米科学アカデミーのロバート・グリーン氏は、ケープ・コッドの悪天候に悩まされたスケジュールのなかにあったにもかかわらず、飛行機で到着する参加者を迎える車のことから、算数の教育の実演のため子どもの協力を得ることにいたるまで、数えきれないこまごましたことを手際よく取りはからって下さった。最後になるが、アメリカ海軍のB・ヴァン・メーター少将とウッヅ・ホールの部下の方々がして下さった多くの親切な行為にたいして感謝しきれないものがある。われわれはウッヅ・ホールにある全米科学アカデミーの夏季本部に居住したのだが、ヴァン・メーター少将は卓越した主任管理人であった。

私はまた、全米科学アカデミーに代って、会議にともなう多くのこまごました財政的な問題を処理して下さったことについて、ハーバード大学当局、またとりわけ、管理上の烱眼とユーモア感をきわめて見事に兼ねそなえているハーバード研究契約部長のリチャード・プラット氏に深甚の謝意を表したい。

会議中、また会議終了後にあらわれたアイディアの多くは、教育思想史の流れのなかに、長い光栄ある血筋をひいているものである。会議の議長としてまたこの報告書の著者として、以下のページで参考文献からほとんど引用していないことをお詫びしたい。われわれの考えは、この書物の主題に関係のある文献によって形成され、その助けを得ていることは明らかであり、たしかにそれは厖大な文献なのである。この書物を書くにあたって、私はアイディアの素姓を正当に取扱うということをあえてしなかったが、そのような仕事は、もっと学問的な書物によって試みられるほうがより適切であろう。原典からの抜萃を広く集めているそのような書物の一つに、ロバート・ウーリック教授の『教育知見の三千年』(Robert Ulich; *Three Thousand Years of Educational Wisdom*, Cambridge, Massachusetts, 1959)がある。

この書物の出版を考慮し、迅速にすすめられたハーバード大学出版局に対して、末筆ながら感謝の意を表したい。

一九六〇年五月

マサチューセッツ州ケンブリッジにて

ジェローム・S・ブルーナー

目次

〔第二六刷にあたって〕
原著一九七七年版「まえがき」を新たに訳出するとともに、訳者解説を補足して装を改めた。

第一章　序　論

どの時代もみなそれぞれに、その時代特有の教育をつくりあげたいという熱望を、新たな形で示そうとするものである。われわれが生きているこの時代に現れようとしている特色は、教育の質と知的目的に対する関心が広範囲にわたって復活してきていることであるが、しかし、それは、教育が民主主義のためのよく調和のとれた市民を形成する手段として役立つのでなければならないという理想を放棄することなしにそうありたいということなのである。むしろ、今日では、アメリカの公教育は「どんな内容のものを、なにを目的として教えたらよいのか」という最近までは専門家だけが関心をもった問題に、かなり多くの一般のひとびとが関心をもつようになったという水準にまで到達している。この新しい精神は、それと同時に、今日の科学上の徹底的な変革をも反映しているのかもしれない。この趨勢は、今後かなり長期にわたることがほぼ確実な国家安全上の危機によって助長されているが、その危機を解消することは、よい市民を教育することにかかっているといってよいであろう。

このような関心の復活の一例が、初等、中等学校の教育課程の企画にみられる。そこに、いくらかのめざましい発展がおこっており、それぞれの学問の第一線ですぐれた業績をあげた大学の学者や科学者たちが、教育課程の開発に参加してきているが、まさに前例のないことである。このひとたちは、科学における最近の進歩と学問の内容を反映しているばかりでなく、学校生活の性格についての大胆な考え方を具体化した初等、中等学校の学習指導要領を準備してきている。この種の教育課程で、もっともよくできたのは、物理学研究委員会(ＰＳＳＣ)が準備した高等学校の物理課程であると思われるが、その課程のために、教科書、実験の練習題、映画、特別な教授用手引と同時に教員養成のコースも準備されている。いまおよそ二万五千人の高等学校生がこの課程を履修しており、その結果が研究されている。また、数学の分野においては、学校数学研究グループ(ＳＭＳＧ)、数学委員会、イリノイ大学学校数学委員会(ＵＩＣＳＭ)やその他のグループの指導のもとに、同様な計画がすすめられている。生物科学教育課程研究会(ＢＳＣＳ)も高等学校の生物課程を作製しているが、それと対応する性質の仕事が、化学その他の分野で進行中なのである。

このような仕事がおもにめざしているのは、教材(subject matter)を効果的に提示すること、いいかえれば、教材の範囲だけでなく、その構造に適切な注意をはらうということである。この仕事への取組みにみられる大胆さと想像力の豊かさと、それが初期に達成しためざましい成功が、学習の性格とか知識の伝達の研究に従事している心理学者たちを刺戟した。「まえがき」でウッヅ・ホール会議の背景と運営をのべたが、会議そのものはこのような関心からの刺戟に対する一つの反応だった。物理学者、生物学者、数学者、歴史学者、教育学者、心理学者などが一緒に集まって、学習過程の性格、その教育的意義、またいま行われつつある教育課程作成の仕事が、学習と教授についてのわれわれの理解の仕方に関して新たな問題を提起したことを、改めて検討した。なにを、いつ、どのように教えたらよいのか。いま行われている教育課程編成の仕事をさらに推進するにはどのような調査や研究が必要であるのか。数学であれ、歴史であれ、その教科の構造を強調すること――つまり、できるだけ迅速に、ある一つの学問のもっている基本的観念についての感覚を生徒に与えようというしかたで、それを強調すること――にはどんな意味があるのかということである。

変化しつつある教育の状況のなかで、教育課程改訂の現在の努力のもつ意味を理解するには、その背景についてさらにのべる必要がある。過去半世紀において、ハイレベルの研究をきわめて重視する大学院がアメリカで増加してきた。このような成行きの一つの結果として、一流の学者や科学者が自己の専門の学問を初等、中等の学校、いや学部学生向けの基礎課程にさえ提示する仕事から、ますます離れるようになってきた。学問の第一線にあるひとびとと学校の生徒が接触する場合があるとすれば、主としてミリカン(訳註――アメリカの物理学者一八六八―)のような著名な科学者、またはビアード(訳註――アメリカの歴史学者一八七四―一九四八)やコマジャー(訳註――アメリカの歴史学者一九〇二―)のような優れた歴史学者が作成した、たまに出る教科書を通してであった。だが、学問の第一線に立ち、自己の専門領域に関係のある教科の本質的再編成に、もっとも大きな貢献のできそうな学者の多くは、初等、中等学校の教育課程を発展させる仕事にかかわりをもたなかった。その結果、学校の教育計画は、その時代の学問上の知識をとりあげるのに不適切であったり、不正確であったりすることが多く、著名な学者、賢明で有能な教師、教授と学習に関連した分野で訓練されたひとびとの努力を結集すればでてきたかもしれない利益を、われわれは手に入れることができなかったのである。この傾向は、いまや逆転しそうである。アメリカのもっとも著名な科学者の多くが、自己の分野と関係のある学校の学習計画の作製、教科書や実験室用実演の準備、映画やテレビのプログラムの構成にあらたに参与するようになってきている。

またこの過去半世紀において、アメリカの心理学は、学校における学習の性格に関してもっていた初期の関心から離れてしまった。学習心理学は、高度に単純化された短期の状況における、学習の正確な細事にかかずらうような傾向をもち、そのために、学習の長期の教育効果に関する研究から大分離れてしまった。教育心理学者にしても、適性や学力の習得、さらに教育の社会的側面、その動機づけの側面に注目して大きな成果をあげたのだが、学級活動の知的構造の問題に直接関係することはなかった。

心理学者が教育課程の問題を無視したことについては、他の面からの考察が必要である。そのことについては、アメリカの教育哲学の型がたえず変化していることも関係がある。わが国の教育理想のなかには、つねに、ベンジャミン・フランクリンが「有用なもの」(useful)と「装飾的なもの」(ornamental)といっているものの間に均衡を求める二元論があった。十八世紀の半ばにおいては、彼がいっているように「もしもかれらに、有用なもののすべてと、装飾的なもののすべてとが教えられうるのであれば、それは結構なことだろう。だが、芸術は長く、時間は短いのである。したがって、もっとも有用で、もっとも装飾的であると思われるものを、かれらが学ぶように提案するものである。」フランクリンと、その後のアメリカの教育理想では、有用なものという概念は二通りの意味をもっていた。すなわち、一方で、それは特殊な技能(skills)、他方では、生活上のことがらをよりよく処理できる一般的理解(general understanding)を意味していた。技能は人間の職業に直接関係するものであった。早くも一七五〇年代に、ベンジャミン・フランクリンは、将来の商人にフランス語、ドイツ語、スペイン語を教え、また生徒に農場見学やその他の方法で補足しながら農業を教えるようすすめている。一般的理解は、歴史の知識と、それに加えて数学と論理学を勤勉に学び、自分のまわりの自然界を注意深く観察する訓練の結果うみだされる思考の規律によって得られるというのであった。それには、よく鍛えられ、よく知識をたくわえた精神が必要であった。

アメリカの中等学校は、有用なものについてのこの二つの概念の間に均衡をたもとうと試みてきた。そしてまた、しばしば装飾的なものにもいくらか注意をはらってきた。だが、中等学校在籍者の割合が増し、生徒数のなかで新たにアメリカ人となったひとのしめる割合が上昇するにつれて、有用な技能の教育と鍛えられた理解力の教育との間の均衡をたもつことがだんだん困難になってきた。コナント博士が、最近、総合制高等学校を勧めているのは、この均衡の問題に対処するためである。

十九世紀が終るころに、心理学でいわれた学習過程の考え方は、その重点を一般的理解をうみだすことから、徐々に特殊な技能の習得に移していったのであるが、このことは興味あることである。「転移」(transfer)の研究はその典型的な例であるが、それは、ある特定の学習課題を習得したことから得た成果が、ほかの諸活動を習得するさいにどうなるかという問題である。はじめのころは、形式陶冶の転移――分析、判断、記憶などの「諸能力」(faculties)を訓練して得られる価値――の研究に重点がおかれたが、その後の研究は、同一の要素または特殊な技能の転移を調べる傾向になった。その結果、今世紀に入って四十年の間、アメリカの心理学者は、生徒に複雑な知識の根底にある構造または意義を把握させる訓練のしかたに関した研究をあまりしてこなかった。形式陶冶のもともとの理論が諸能力の訓練に関して貧弱な見解しかのべていなかったのとちがって、最近二十年間になされた学習と転移の性格に関するほとんどすべての研究成果の示すところによれば、適切な学習によって大量の一般的転移が得られるのはまさしく事実であって、最適の条件のもとで適切に学習するならば、「学習のしかたを学習する」(learn how to learn)ようにさえなるといっている。これらの研究が刺戟となって、学校でみうけられる種類の複雑な学習や教育内容の構造についての一般的理解をうみだすように工夫された学習への関心が再びおこってきた。その結果、学習過程に関心をもった心理学者の間に、広義の教育課程の諸問題への関心が再燃してきた。

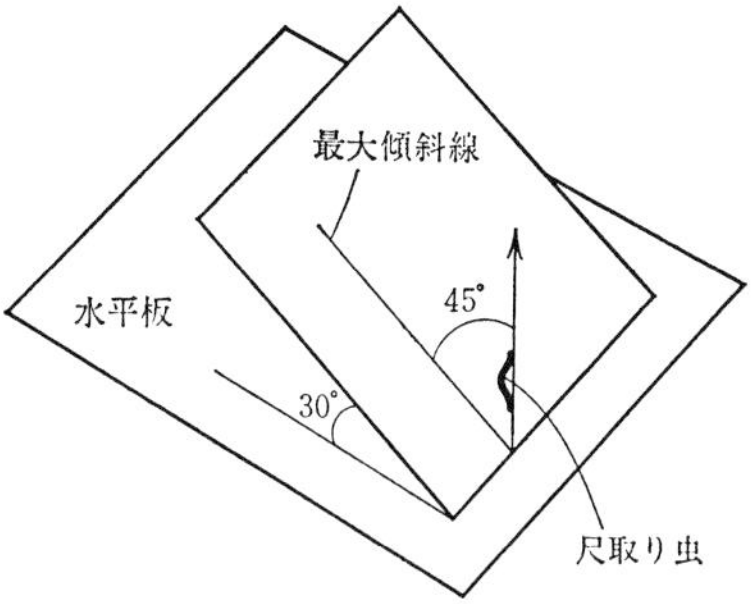

ここで一言、教科の構造(structure)がなにを意味するのか、もっと十分にくわしく説明する必要がある。なぜなら、この書物のなかでのちほど、この構造という観念にしばしば立ち

もどることになるだろうからである。この観念をより明らかにするには、生物学、数学、言語の学習の場合にみられる三つの簡単な例が役に立つ。

最初に、一枚の板のうえにのせた一枚のグラフ用紙を横断する一匹の尺取り虫についての一連の観察をとりあげよう。その板は水平で、その動物は一直線に動く。つぎに板を傾け、傾斜面、つまり上勾配を三十度にする。動物は、まっすぐにのぼらないで最大傾斜線に対して四十五度の角度でのぼる。さて今度は板を六十度に傾ける。動物は、最大傾斜線に対して何度の角度をなしてのぼるだろうか。今度の道は、それに対して六十七・五度の角度をなす。すなわち、鉛直線から七十五度外れた線に沿って進むのである。この二つの測定から、尺取り虫は、十五度の傾きをもって上に向ってのぼることを「好む」(prefer)と推定できそうである。

ここで分ったことは、一般のならわしでいえば、走性(tropism)、実のところは走地性(geotropism)なのである。それはほかと関係のない事実ではない。さらに進んで、単純な生物の場合、そのような現象――固定した、またはつくりつけの標準に従って運動を調整すること――が通例であることを示すことができる。下等生物が方向をむける明るさの度合、塩度や気温の好みの水準などといったものがある。ひとたび生徒が、外部刺戟と動く生物の運動の間の基礎的関係を把握するならば、みかけ上は新しいが、事実はそれと密接に関連している多くの情報《インフォーメイション》をかなりとりあつかえるようになっているのである。イナゴが群飛するときには、その群飛の密度は気温によって決定されているということ、各種の昆虫は、それぞれが好きな濃度の酸素圏のなかでのみ行動する傾向があるから、山の側面の別々の高さにいることによって、異種交配がふせがれ、それによっておのおのの種の独立性を維持していること、その他の多くの生物学上の現象は走性という概念の光に照して理解することができる。教科の構造を把握するということは、その構造とほかの多くのことがらとが意味深い関係をもちうるような方法で、教科の構造を理解することである。簡単にいえば、構造を学習するということは、どのようにものごとが関連しているかを学習することである。

さらに簡約して、数学から一つの例をとってみると、代数とは既知数と未知数を方程式にならべる方法であり、そのことによって未知数が知られるようになる方法なのである。これらの方程式でもって作業する場合に含まれる三つの原理は交換性、配分性、結合性である。ひとたび生徒が、これら三つの原理によって具体化されている観念を把握するならば、解かなければならない「新しい」方程式は、まったく新しいものではなく、既知のテーマの変形にすぎないことが分るようになる。転移にとって、生徒がこれらの演算の形式上の名前を知っているかどうかということは、その生徒がその演算を使えるかどうかということより重要ではない。

意識されないことの多い構造の学習の性格を、おそらくもっともよく示しているのは自国語を学習する場合であろう。子どもは、一つの文章の微妙な構造を把握してしまうと、すでに学習したもとの文章とは内容こそ異なっているが、それと同じモデルを基礎にしているほかの多くの文章をつくることをきわめてすみやかに学習するものである。しかも、意味を変えることなしに文章を変形する諸法則を習得していれば――たとえば、「犬が人間をかんだ」と「人間が犬にかまれた」――子どもは、自分の文章をもっと広範囲に変えることができる。だが、年少の子どもは英語の構造上の法則を使用することはできても、その法則がなんであるかをいえないのはたしかである。

物理や数学の教育課程を作成している科学者たちは、それぞれの教科の構造を教えるという問題に大いに気を使ってきたが、これを強調したために、早く成功したのであろう。構造の学習の重要性をかれらが強調したことが、学習過程の研究を刺戟したのである。以下この書物において、この強調が何回もくりかえしてでてくるのに読者は気づくであろう。

教育の課程や順次性《シーケンス》などの特殊な問題を考えるまえに、当面している一般的な問題があることは明らかである。ひとが特定の教育の課程の価値について問題を感じはじめたということは、とりもなおさず、教育の目的について問題を感じはじめたことを意味するのである。教育課程の作成は、変化しつつある社会的、文化的、政治的条件が、たえまなく学校とその生徒の環境や目標を変える世界のなかですすめられるのである。われわれが関心をもっているのは、アメリカ人のための、複雑な世界におけるアメリカ人の生き方とかれらの必要のために編成される教育課程である。アメリカ人は変化してゆく国民である。アメリカ人は地理的に移動する傾向があるので、高等学校や小学校にある程度の均一性がどうしても必要である。だが、アメリカの地域社会、また全体としてのアメリカの生活は多様なので、教育課程にはある程度のバラエティが、同様にどうしても必要である。さらにまた、多様性と均一性の要求から、どのような制約が教育のうえに加えられるにしても、教育はまた生産性の要求をもみたさねばならない。つまり、今日の時代の要求に対処するに十分な、学者、科学者、詩人、立法者をつくりだしているであろうかということである。さらにまた、学校が、民主社会における生活とみのり豊かな家庭生活のための教育という機能を果そうとするのであれば、子どもの社会的、情緒的発達にも貢献しなければならない。以下において、主として教育の知的な面が強調されているとしても、教育のほかの目的が重要でないというのではない。

教育のもっとも一般的な目的は、優秀性《エキセレンス》を育てることではないかと思われる。だが、この言葉がどんな意味で使われているかを明らかにしなければならない。ここでいっているのは、優れた生徒に学校教育を与えるだけではなく、一人一人の生徒が、各自にもっとも適した知的発達をとげるように助けてやることである。教科の構造を強調するよい教育は、才能にめぐまれた生徒よりも、あまり有能でない生徒にとってこそ価値があるのではないだろうか。なぜなら、下手な教育をうけて、いともあっさりと軌道から放り出されてしまうのは前者ではなくて後者であるからである。だからといって、課程の進度またはその内容が、すべての生徒に同一のものでなければならないというのではない。もっとも、この会議へのある一人の参加者がいっているように、「うまく教えているときには、生徒の七十五%のものが中位以上であるのではないかといつも思われる」のだが。注意深く調査し研究してみると、どこで差をつけなければならないかが分るはずである。つぎの一つのことははっきりしているようである。すなわち、すべての生徒がその知的諸能力を十分に活用するように助けてやるならば、科学技術の上でも、社会的にもおそらく複雑化してゆく時代のなかで、民主主義国として生きつづけるさらによい機会を、われわれはもつことになるであろう。

以下の各章は、自然科学と数学、また、それらのもっともよい教え方の方向に、いくぶん専門化されていると思われるかもしれない。だからといって、科学と科学教育を強調するための宣言ととられても困る。そうなったのはむしろ、過去十年以上にわたる歴史的な発展の偶然の結果なのである。これらの分野における進歩を吟味するより多くの機会があったにすぎない。なぜなら、実験的な教育課程のほとんど大部分が、これらの分野において編成されたのであったからである。社会科、人文科、言語の教授の分野においては、さらにその倍の努力が必要である。現代の人間にとって、歴史と文学の研究から得られる悲劇感や勝利感は、たしかに、物理の研究から得られる物質の構造感と同様に重要である。人文科、社会科、自然科学が、将来の世代の教育にうまく貢献できるためには、そのすべてが想像力にみちた努力をする必要があることは明らかなはずである。

つぎの世代の知的指導者が潜在しているはずの公立学校の成績上位の四分の一の生徒グループを、つい最近までこの国の学校はもっとも無視してきたのではないだろうか。自然科学や数学の教育が改善されると、これらの教科において、これまでにも観察された才能児、平均児、遅滞児の間のギャップを非常によく目立たせることになるかもしれない。いまのままでさえ、このギャップは困難な問題をひきおこしているのである。概していえば、自然科学や数学の適性は、その他の知的才能よりも早く発見できることは明らかである。理想的にいえば、学校は、生徒がいろいろな教科で、できるだけ早く進んでゆけるようにしてやらなければならない。だが、そのような制度にしようとするときに生じてくる経営上の諸問題は、学校がその問題を処理するさいに使える人的、物的条件では、ほとんどどうにもならないのである。その問題の解決は、若干の教科、とくに数学で、学年制をいくぶん修正するかまたは廃止するか、また他の教科で、課程の内容を豊富にした案をつくるというようなことによってできるかもしれない。内容の強化とか才能のある生徒の特別な取扱いの問題を考えれば、事情をよく知った資力のある学校は、現行のやり方を修正せざるをえなくなるであろう。このことは疑う余地がない。だが、われわれは国家として、比較的に裕福でない町や地域で生れた子どもの成長発達を阻止するようなまずいことを地方当局にさせてはならない。

以下の章で、四つのテーマが展開されている。その最初のテーマはすでに紹介してある。すなわち、それは、学習における構造の役割と、それをどのようにして教授の中心にするかということであった。そのやり方は実際的である。生徒に対して、学習することになっている教材は、いやおうなしに、制限して提示される。一体、このような提示のしかたは、どうすれば、生徒のその後の生活の思考に役立つことができるのだろうか。新しい教育課程を準備し、それで教えた経験のあるひとびとがもっている支配的見解によれば、どの教科を選んで教えるにしろ、その教科の基本的構造を生徒に理解さすことが、この疑問に対する答になるということである。これは知識を使って、そしてその知識を教室のそとで、あるいはその後すすんで教育をうける上級学校の教室のなかで出会う問題や事件と関連させるために最小限必要なことである。たんに事実やテクニックを習得することよりも、構造の教授と学習が転移という古典的問題の中心なのである。この種の学習には多くのことがらが含まれているが、そのほとんどがいったん理解した教材を積極的に活用させる習慣や技能を支えているのである。はじめの学習があとの学習を容易にしようとするならば、はじめに出会ったものとあとで出会ったものとの関係が、できるだけ明らかになるような概観図を提供するのでなければならない。

このテーマの重要性が示されたとしても、どのようにして基本的構造を効果的に教えるか、またそうすることを助ける学習条件をどのように整えるかについてはあまり知られていない。このことを取扱っている後の章で論じていることは主として、そのような教授と学習を達成する方法と手段、また、構造に重点をおいた教育課程を作成するのに役立つような研究に関連している。

第二のテーマは学習のレディネス(readiness)に関連している。過去十年以上の経験が示している事実は、この国の学校は、多くの重要な教科があまりにむずかしすぎるという口実で、その教育をあとの方へおくらすことによって、貴重な年月を浪費しているということである。このテーマを取扱っている章が、どの教科でもその基礎を、なんらかの形で、どの年齢の、だれにでも教えることができるであろうという命題ではじめられているのに読者は気づくであろう。この命題は、驚くべきことだとはじめは思われるかもしれないが、その意図するところは、教育課程を計画する場合に、これまでにしばしば見おとされた、欠くべからざる一点を銘記すべきだということにある。その一点とは、すべての科学と数学の中核をなす基礎的観念や、人生や文学を形成する基礎的テーマは、強力であるが、同時に単純なものであるということである。これらの基礎的諸観念をわがものにし、それを効果的に使用するためには、次第により複雑な形でこれらの諸観念を使えるように学習することによって、これらの諸観念の理解をたえず深めることが必要である。年少の子どもが、これらの基礎的な諸観念を自分のものにすることができないのは、方程式といったような形式化された用語で示されるか、または念を入れて言語化された概念で与えられているときだけであり、子どもが基礎的諸観念をはじめに直観的に理解せず、自分でこれらを試す機会をもたないならそうならざるを得ないのである。自然科学、数学、社会科学、文学を早い学年で教育するには、細心の知的真面目さをもち、しかも観念の直観的把握とそれの使用に重点をおいて、計画されなければならない。教育課程が展開されるにつれて、これらの基礎的諸観念がくりかえし出てきて、結局は生徒が、それらに伴っている完全に形式的な用具としての機能を把握してしまうまで、これらの諸観念を積み上げていく必要がある。第四学年の子どもは、位相幾何学や集合論の原理の働いているゲームに夢中になったり、新しい「解きかた」(moves)または定理を発見することさえして遊ぶことができるものである。子どもたちは、神話のなかにあらわされている悲劇の観念や基礎的な人間の在り方を理解できる。だが、大人のするようには、これらの諸観念を形式的言語におきかえたり、操作することはできない。「**ラセン**形教育課程」(spiral curriculum)といって、まえに学習したことを、上級学年でもっと高い水準でくりかえすやり方については、まだ研究の余地がたくさんあるが、まだ未解決の多くの問題は第三章で取扱われている。

第三のテーマは直観の性格に関するものだが、直観というのは、結論が妥当であるかどうかがわかるような分析的段階を経ないで、蓋然的ではあるが、暫定的な公式化に達するための知的な技術のことである。直観的思考や、予感(hunch)の訓練は、形式を整えたアカデミックな学問においてだけでなく、日常の生活における生産的思考において、非常に無視されているが、重要な一面である。鋭い推察、創意豊かな仮説、暫定的な結論にむかっての勇気のある飛躍――こういったものは、思索するひとが、たとえどのような仕事であっても、その仕事をすすめるうえでもっとも価値のある財貨ともいうべきものである。はたして学校に学ぶ子どもたちが、このたまものを手に入れるように指導されうるだろうか。

これまでにのべた三つのテーマは、すべてつぎにのべる一つの中心的な確信を前提にしている。すなわち、知的活動は、知識の最前線であろうと、第三学年の教室であろうと、どこにおいても同じものであるということである。科学者が書斎または実験室でする仕事や、文芸評論家が詩を読む仕事は、だれかほかのひとが、同様な活動に従事しているときの仕事と同じ種類のことなのである——もしそのひとが理解力を得ようとしているのであればだが。その場合のちがいは、種類ではなくて程度のうえのことである。物理を学習している男の生徒はいわば物理学者なのであって、その生徒にとっては、物理学者がするように物理を学習することのほうが、ほかのなにかをするよりも容易なのである。その「ほかのなにか」というのは、ウッヅ・ホール会議で「中間言語」(middle language)とよばれるようになったもの——つまり、知的探究自体を中心にしているのではなくて、むしろ知的探究の分野における結論についてなされる教室での話し合いや、その結論の書いてある教科書のこと——を習得する課業にいつも関連しているものである。そのような方法でやっているので、高等学校の物理はまったく物理学らしくなくなっていることが多く、社会科は日常話されている人生と社会の問題から遠ざかり、学校の数学は、数学の中心となるもの、すなわち、整序の観念との接触を失ってしまう場合があまりに多いのである。

第四のテーマは、学習意欲とそれを刺戟するしかたに関連している。理想的にいえば、成績順位をつけるとか、競争した後で得られる利益のような外的な到達目標よりも、学習する教材そのものに興味をもつことこそ学習に対するもっともよい刺戟である。競争させる圧力を排除しても効果がありうるとか、それを排除しようと求めることが賢明であるとか考えるのは、たしかに非現実的であるが、それでも、どうすれば学習それ自体に対する興味を刺戟できるかは一考に値する。ウッヅ・ホールでは、学校で学習がよくおこなわれるためにはまわりの条件をどう改善したらよいのかという議論——たとえば、教員養成、学校の試験の性格、教育課程の質といった多様な題目にわたる議論——がさかんにおこなわれた。第五章は、これら一連の問題を取扱っている。

ウッヅ・ホールでは、教具——映画、テレビ、視聴覚教具、ティーチング・マシン、その他教師が教授用に使用しそうな装置——をかなり議論したが、そのことについてなんら意見の一致はなかった。ほとんどすべての参加者は、教授用の装置ではなく、教師こそが教授において主な役目をはたすものであるということには同意したが、どうすれば教具が教師の助けになるかということについては意見が分れた。その意見の不一致をしいて要約するならば(この要約のしかたは、単純化しすぎているかもしれないが)、教師そのものと教師が使用する教具の、どちらに比較的に重点をおくかという二つの考え方の差である。そのような二つの極端な立場——誇張していえばだが——の一つは、教師こそは、ある一つの教科をどのように提示し、どのような補助教具を使用するかをきめる、唯一で、最終の決定者でなければならないという立場であり、その第二は、教師は、映画、テレビ、ティーチング・マシンなどを利用して準備された教材の解説者、また註釈者でなければならないという立場である。第一の極端な立場が意味しているのはつぎのことである。すなわち、教師が自己の教科に関した仕事をできるだけうまくするためには、自己の教科の知識が深まるように、全力をあげて教師を教育しなければならないが、それと同時に、教授要目《シラバス》の要求するところにかなった教育課程を構成する場合に、教師が選びとれるように、最善の教材が利用できるように用意されていなければならないということである。いま一つの極端な立場が意味しているのは、映画、テレビのプログラム、ティーチング・マシン用の教授プログラムなどを準備したり、教科に関する十分な知識と理解をもったうえで、これらの補助教具をどのように使用したらよいかを教師に教えるには大変な努力が必要であるということである。このことは熱をこめて討議する十分の価値があり、教育哲学に対してもつ意義が十分に大きいので、この問題は最後の章で取扱われている。

したがって、要約して、以後四つのテーマと一つの予測に集中することにしよう。つまり、構造、レディネス、直観、興味という四つのテーマと、教授の仕事においてどうすればもっともよく教師を助けることができるかという一つの予測である。

第二章　構造の重要性

どのような学習行為にしろ、その第一の目的は、学習によって得られる楽しさのうえに、なおそれが、将来われわれにとって役立つということである。学習は、ただわれわれをどこかにつれてゆくだけではなくて、将来われわれを、より容易に遠いところへ行かせてくれるものでなければならない。学習が将来役立つのには、二つの道がある。その一つは、われわれがはじめに学習してできるようになった仕事によく似た仕事にだけ特別に適用性をもつようになるのである。心理学者たちは、この現象を訓練の特殊的転移(specific transfer of training)といっているが、おそらくそれは、習慣の拡張または連合とよばるべきものであろう。その有効性は主として、通常、技能といわれているものに限定されているように思われる。釘の打ち方を学習するならば、あとになって、鋲の打ち方や木材の割り方をより上手に学習できるものである。学校での学習が、在学中であろうと、卒業後であろうと、あとになって出会う活動に転移するような種類の技能をつくりだすことは疑いない。まえの学習があとの学習をより能率的にやらせる第二の道は、便宜的に、非特殊的転移(nonspecific transfer)、もっと正確にいえば、原理や態度の転移とよばれているものを通ることである。要するに、それは、最初に技能でなくて一つの一般的観念を学習することであって、その一般的観念は、その後にでてくる問題を、最初に習得した観念の特殊な事例として認識するための基礎として使用できるものなのである。この型の転移が教育の過程で中核となっている――つまり、基礎的・一般的観念によって知識を不断にひろげ、深めるということである。

原理の転移という第二の型の転移によっておこる学習が連続性をもつかどうかは、前の章でのべた教科の構造を習得することにかかっている。いいかえれば、ひとが、ある観念を新しい事態に適用できるかどうかを認識し、そのことによって自分の学習の範囲をひろげることができるようになるには、いま学ぼうとしている現象の一般的本質をはっきりと把握しなければならないということである。学習した観念が基本的、または基礎的であればあるほど、新しい問題に対する適用性の範囲がひろくなってゆくであろうことはほぼ確実である。実は、このいいかたは類語反復《トートロジー》に近い。なぜなら、ここでいっている「基本的」という言葉が意味しているのは、正確にいえば、観念は強力で、しかも範囲の広い適用性をもっているということであるからである。学校の教育課程と教授方法は、どの教科を教える場合でも、その教科の基本的諸観念にかみ合うようにすべきだというだけならば、もちろん簡単なことである。だが、そのようにいった途端に多くの問題が生じてくるのであって、そのような問題の多くは、さらにいま以上の研究の力をかりてのみ解決されうるものである。さて、そのような問題のいくつかに目を向けてみよう。

最初の、そしてもっとも明白な問題は、普通の教師が普通の生徒に教えることができる教育課程であると同時に、いろいろな研究分野の基礎的な、つまり、その根底にある原理を明確に反映している教育課程をどのように編成するかということである。この問題はつぎにのべる二重の意味をもっている。すなわち、第一には、応用力があり、また強力である観念とそれに関連した態度が中心的役割を果しうるためには、どのように基礎的教科を書き直し、その教材を改善すればよいかということ、第二に、これらの教材の水準を、どうすれば、異なった学年段階の、異なった子どもたちの能力に合致させうるかということである。

過去数年の経験は、教材の根底にある構造に忠実な教育課程を編成することに関して、すくなくとも一つの重要な教訓を与えてくれた。それは、どの特定の学科の場合においても、その分野で最高の知力をもったひとびとを教育課程編成の仕事に動員しなければならないということである。小学校児童たちに、アメリカ史のなにを教えなければならないか、算数のなにを教えなければならないかに関して、もっともよい決定ができるのは、それぞれの分野で高度の洞察力と能力をもったひとびとの助けを得ることによってである。代数の基礎的諸観念が、いつに交換、配分、結合の法則にかかっていることを決定するのは、数学の基本性質を正しく評価し、理解できる立場にある数学者でなければならない。学童が、アメリカ史上の諸事実と諸傾向を区分できる以前に、アメリカ史におけるフロンティアの役割に関してフレデリック・ジャクソン・ターナ(訳註——アメリカの歴史学者一八六一—一九三二)がもっていた考えを理解する必要があるかどうかということ、このこともまた、アメリカの過去を深く理解している学者の助けを得て決定されるのである。教育課程を考案するために、当代最高の知力をもったひとびとが参加することによってのみ、いま勉強をはじめたばかりの生徒に、学問の成果と英知とを与えることができるであろう。

「初等、中等学校の教育課程を編成するのに、どうすれば当代のもっとも有能な学者や科学者の助けを得られるであろうか」という問題がおこってくるであろう。その答は、すくなくとも、部分的には出ている。学校数学研究グループ(SMSG)イリノイ大学の数学計画委員会(訳註——イリノイ大学学校数学委員会(UICSM)とイリノイ大学算数計画委員会のこと)、物理学研究委員会(PSSC)、生物科学教育課程研究会(BSCS)は、それぞれの分野における著名な学者の力を実際に得てきているが、それは夏期休暇中の作業によるものであり、部分的には、その作業に関係している主なひとびとが一年間の賜暇を得てできたものである。これらの作業をすすめるうえにおいて、優秀な初等、中等学校の教師や、特別な目的のためには、職業的な作家、映画製作者、デザイナー、その他、このような複雑な仕事が必要とするひとびとが援助を与えてきた。

いま指摘された方向に教育課程を大規模に改訂するにしても、すくなくとも一つの大きな問題が未解決のままにのこされている。それは、ある分野で基本的諸観念を習得するということは、ただ一般的原理を把握するというだけではなく、学習と研究のための態度、推量と予測を育ててゆく態度、自分自身で問題を解決する可能性にむかう態度などを発達させることと関係があるということである。ちょうど物理学者が、自然のもっている窮極の秩序と、その秩序は発見できるものであるという確信とに関して一定の態度をもっていると同じように、物理を勉強している若い生徒が、学習することがらを、自分が思考するときに役立つものにし、意味のあるものにするような方法で組織しようとするならば、物理学者のもっている態度をいくらかでもそのまま自分のものにする必要がある。そのような態度を教育するためには、たんに基本的観念を提示する以上のなにかが必要である。そのような教育を成功させるために、なにをすればいいかはまだたくさんの研究を必要とするのであるが、重要な要素は、発見をうながす興奮の感覚であるように思われる。ここで発見というのは、以前には気づかれなかった諸関係のもつ規則正しさと、諸観念の間の類似性を発見するということであり、その結果、自分の能力に自信をもつにいたるのである。科学や数学の教育課程を研究してきたいろいろなひとびとは、生徒が独力で発見する力がつくように導いてゆく胸をわくわくさせる順序で教えることによって、学問の基本的構造を生徒に提示することが可能であると主張している。

発見ということが教授のうえで力になることの重要性を強調しているのは、とくに、イリノイ大学の学校数学委員会と算数計画委員会である。これらの委員会は、生徒に独力で、個々の数学的操作の背後にある通則(generalization)を発見させる方法を積極的に工夫してきており、このような方法と、教師が最初に通則を説明し、それから生徒たちにそれを証明するように要求する「確認と証明の方法」(method of assertion and proof)とを比較対照している。イリノイ・グループはまた、発見の方法を使って数学を学習させると、一通りやらなければならないことのすべてを提示するのに時間がかかりすぎるということも指摘している。この両者の間の適切な均衡をどうするかということは、すこしも明らかでないのであり、それを究明する研究が現在進行中だというものの、さらに研究される必要がある。帰納的方法は、諸原理を教えるのに比較的にいい方法なのであろうか。それは態度に対して望ましい効果を与えるものであろうか。

発見の方法が、数学や物理のように高度に形式化された教科に限定される必要のないことは、ハーバード大学の認知研究計画(Harvard Cognition Project 訳註――ハーバード大学におかれた、認知研究所における研究のこと、著者ブルーナーが現在その所長である)が行なっている社会科に関する実験によって証明されている。第六学年のある一つの学級に、最初、アメリカの南東諸州の社会的、経済的地理を従来通りの単元で学習させた。その後に今度は、北部中央諸州地域を学習したのだが、その場合、地名ではなく、ある物理的特徴と天然資源をもっているその地域内の主要都市が、地図の上のどこに位置しているかを示すように生徒に質問するのである。そのあとで学級で話し合いがなされたが、生徒たちは、都市成立の必要条件に関するさまざまの可能な理論を、きわめてすみやかにみちびきだすことができた。たとえば、シカゴ市を三つの湖の連結点に位置づける水運の理論、シカゴ市をメサビ山脈の近くに位置づける鉱物資源理論、大都会をアイオワ州の肥沃な土壌の上に位置づける食糧供給理論などである。この実験学級の、概念を自由に駆使できる能力の水準も、また興味の水準も、統制学級の水準にくらべてはるかに高かった。だが、もっとも顕著だったのは子どもたちの態度であって、都市の位置が子どもたちにははじめて問題として提起され、その問題の解決は考えることによって発見されうるのだということが分った。問題を追求してゆく過程のなかに喜びと興奮が伴うばかりでなく、すくなくとも、都市の現象がこれまで当然のことであるとしか考えなかった都市の子どもたちにとって、結局、さきにのべた発見はそれをしてみるだけの価値のあることであった。

基本的知識を、子どもの興味と能力に合せるにはどのようにすればよいのだろうか。このテーマには、あとで再びもどるとして、ここでは一言だけふれておく必要がある。自然現象、または その他のどのような現象にしても、子どもが興奮を感ずるように刺戟し、それと同時に正確に、また理解できたというやりがいを感じるように提示するためには、教師は深い理解と忍耐強い誠実さをともにもつ必要がある。たとえば、物理学のいくつかの教材を調べて分ったことは、その提示のしかたにはたいへんな忍耐強い誠実さがみられるのだが、その著者たちが自分が提示している教材を十分深く理解していないために、それが無に帰しているということである。

いま指摘したことに関する一つのよい例は、潮の干満の性格を説明する普通にやられている試みの場合にみられる。高等学校の生徒に潮の干満を説明せよというと、大多数のものが、地球の表面における月の引力のこと、その引力がどのようにして月にむいた側面の水をふくらませるかを話すであろう。さてこんどは、月の反対の地球の側面でも、そう大きくはないが、それでもふくらみのあるのはなぜかと聞いてみると、たいていの場合、満足な答はできないであろう。また、地球と月との相対的位置からいって、満ち潮が最大にふくらむのはどこかと聞いてみると、月にもっとも近い地球の表面の地点と答えるのが普通であろう。たとえ、生徒が潮の峰にはずれがあることを知っているにしても、なぜであるかを知らないのが普通であろう。これら両方の場合に生徒が答えられないのは、引力がどのように自由に動く弾性体に作用するのかということについて適切な心像をもっていないからであり、慣性の観念を引力の作用の観念と結びつけることができないからである。つまり、万有引力とその作用のしかたに関するニュートンの偉大な発見を理解してはじめて得られる感動を生徒が感じることなしに、潮の干満を教師が説明するのである。正確でよく分る説明の方が、部分的には正確であるが、そのためにかえってあまりにこみいって、十分でない説明よりも、理解するのに困難が少なく、しかもかえって容易に把握できる場合が多い。教育課程編成の仕事に従事してきたほとんどすべてのひとの一致した意見によれば、教材を面白くすることは、それを堅実に提示することと決して矛盾しないし、事実、正確な一般的説明をすることが、なににもまして面白い場合が多いというのである。以上の議論のなかには、教科の基本的構造を教えることに関したすくなくとも四つの主張が本来含まれているのであるが、そのような主張を詳しく研究する必要がある。

その第一の主張は、基本的なものを理解するならば教科を理解しやすくなるということである。このことは、この書物でこれまでおもにその問題点を説明してきた物理や数学においていえるだけでなく、同様に、社会科や文学においてもいえることである。国家は生きるために貿易をしなければならないという基本観念を、生徒がひとたび把握してしまうならば、つぎに、アメリカ植民地の三角貿易というようなおそらく特別な現象は、イギリスの貿易法規に違反する状況でなされた糖蜜、砂糖きび、ラム酒および奴隷の取引以上の意味があるものとして理解することが、まったく容易になるのである。『白鯨《モービイ・ディック》』を読んでいる高等学校生徒を、メルヴィル(訳註――アメリカの作家一八一九―一八九一)の小説は、とりわけ、悪のテーマとこの「人殺し鯨」(killing whale)を追跡しているひとびとの状態を追求しているものであることを理解するように指導しさえすれば、もっと深くこの小説を理解することができるであろう。さらに生徒が、一般に小説で取扱われている人間の諸状態の数は比較的に限られていることを理解するように指導されるならば、そのために文学をさらによく理解できるであろう。

第二の点は、人間のもつ記憶力に関連している。人間の記憶力に関する一世紀にわたる徹底的な研究で分ったもっとも基礎的なことは、細かい部分は構造化された全体のパターンのなかに位置づけられるのでなければ、急速に忘れ去られるものであるということであろう。細かい材料は、それを再現する単純化された方法を使用することによって記憶のなかに保持される。この単純化された再現作用は「再生的」(regenerative)ともよばれてよい性格をもっている。長期の記憶がもっているこの再生的属性のよい例を、自然科学にみることができる。科学者は、異なった重力の場で、異なった時間の間に落下体が通過してゆく距離をいちいち記憶しようとしない。彼がそのかわりに記憶しようとするのは、一つの公式であって、それによって彼は、正確さの程度は異なっているが、より易しく記憶できる公式を基礎にしている細かい部分を再生できるのである。そこで彼は、距離、時間、重力定数の数値表ではなく、$s=1/2gt^2$ という公式を記憶する。同様にひとは、『ロード・ジム』(訳註――ジョセフ・コンラードの作品)という小説のなかの語り手となっているマーローが主人公ジムの状態に関していっていることを正確に記憶するのではなくて、マーローが冷静な傍観者として、ロード・ジムをその苦境においやったのはなにであったかを、判断をまじえることなく理解しようとつとめたのだということだけを記憶すればよいのである。記憶するのは、一つの公式、事件の意味をつたえるいきいきした一つの細部、一連の諸事件をあらわす一つの代表的事件、本質を具現している一つの戯画または画像であって、すべてこれらは凝縮化と再現化のテクニックである。一般的または基本的原理を学習すれば、それは、記憶の喪失が全体の喪失にならないで、残っている記憶が、必要なときに、細かい部分を再構成できるように保証することになる。よい理論は、いま現象を理解するためだけではなく、それを後日思いおこすための媒介物なのである。

第三の主張は、まえにいったように、基本的な原理や観念の理解は、いわば適切な「訓練の転移」に通じる大道ではないかということである。あるものが、より一般的な事例の特殊な例であると理解するということは――より基本的な原理または構造の理解ということは、このことを意味しているのであるが——ただ特殊なものだけでなく、その後に出会うかもしれない、それに似たほかのものをも理解させてくれるモデルを学習したことになるのである。もしも生徒が、三十年戦役(訳訂——原文は百年戦争)の終りごろヨーロッパが戦争にうみ疲れたために、実施は可能であったが、イデオロギーとしては絶対的なものではなかったウエストファリヤ条約のような条約がつくられるようになった事情を、人間としては誰しもが感ぜざるを得ないという意味で理解することができれば、現在の東西のイデオロギーの闘争——といっても、これと三十年戦役が正確に類似しているというのではないが——について、もっとよく考えることができるであろう。周到に理解力をつけてやるならば、生徒はまた、一般化の限界をも知るようになってくるはずである。転移の基礎になっている「原理」や「概念」という観念はけっして新しいものではない。異なった学年において、異なった教科を教える場合に、どうすればもっともよく教えることができるのかということに関して、詳細な知識を与えてくれる特殊な研究がさらに多く必要である。

教授にさいして構造と原理に重きをおかなければならないとする第四の主張は、もし、初等、中等学校で教えられる教材を、その基本的性格の観点から不断に吟味するならば、「進んだ」知識と「初歩の」知識の間のギャップをせばめることができるということである。小学校から高等学校をへて大学《カレッジ》へとすすむ過程で困難がみられるのは、部分的には、まえに学習した教材がその学問分野の発展にあまりにおくれているために、時代おくれになっているか、子どもたちを惑わせるものになっているからである。このギャップを少なくするためには、まえにのべたようなことを強調しなければならない。

さて、ウッヅ・ホールでかなり議論された特殊な問題のいくつかを考えてみることにしよう。その一つは、「一般理科」というやっかいな題目に関する問題である。科学のほとんどすべての部門において、いくつかの観念がしばしばくりかえし現れてくる。もし、ある一つの教科において、それらの観念を上手に、また一般的に学習するならば、それを学習したことによって、科学のほかの部門の教科においてそれらの観念を異なった形で再び学習することが非常に容易になるはずである。これらの基礎的観念を、いわば「分離させ」、科学の特定な分野から解き放して、もっとそれ自体としてはっきり教えられないものかという疑問を、これまでにいろいろな教師や科学者が提出している。そのような基礎的観念の典型を例示するのは容易である。例を示すと、類別とその使用法、測定の単位とその展開のしかた、科学における情報の間接性と観念を操作的に定義する必要などである。たとえば、その最後のものに関係のあることだが、ひとは圧力や化学的結合を直接に見るのではなく、何回か測定してそれを推定するのである。体温に関しても、また他人がもっている悲しみに関しても同じことがいえる。これら、またそれに似た諸観念を、初学年で効果的に、またいろいろ具体的な例を示して子どもに提示して、それらの諸観念がのちにいろいろな特殊な学問において特殊なあらわれかたをすることを理解するためのよりよい基礎を子どもに与えることはできないだろうか。あとの学年で学ぶ科学の各部門の導入として、「一般理科」を教えるのは賢明だろうか。あとになってより容易に学習できるようになるということで、それらの諸観念をどのように教えたらよいのだろうか。また、どういうことを期待すればよいのだろうか。この将来性のある題目については、大いに研究の必要がある——このような問題解決の仕方の効果についての研究だけでなく、やがて教えることになるかもしれない一般理科の諸観念にはどんなものがあるかについての研究が必要なのである。

実際、比較的低い学年で教えることができて、しかものちの学習にかなりの関連をもった、科学や文学に対する一般的態度または処理方法がいくつかありそうである。ここで問題になっているのは、ものごとは関連しているのであって孤立しているのではないという態度である。ものごとはどのようにしてお互に影響しあい、お互に関連しているのかということを子どもたちがもっと積極的に気づくように考案された幼稚園のゲームさえ考えてみることができる。そのようなゲームは、自然と人間の世界でおこる事件を決定する要因には多くのものがあるという観念への一種の導入なのである。研究に従事している科学者なら誰でも、自分の技能の一部となっている思考の方法または態度についてなにかいえるのが普通である。このことについて、歴史学者は、自己の分野に関する限りどちらかといえば多くのことを書いてきた。文学者は、文学への趣味と活力を養う種々の形の感受性についての文章の一ジャンルをさえ発展させてきたのである。数学においては、問題を解決するときにとる方法を説明するために、いま上にのべたことがらに「発見的教授法」(heuristic)という公式の名称を与えている。ウッヅ・ホールにおいて、広く異なった学問分野のひとびとが主張したのと同様に、ここでも、どのような態度または発見的教授の方法がもっとも普及しやすく、またもっとも役に立つのかを考えるのは賢明であること、またこのようなものを初歩的に翻案したものを子どもに教えて、子どもの学年が進むにつれてそれを次第に洗練する努力をしなければならないことを主張してもよかろう。ここで読者はまた気づくだろうが、そのようなやりかたに賛成している議論は、学者がその学問の最前線でしていることと、子どもがはじめてそれに近づくときにしているものの間には連続性があるという想定を前提にしているのである。だからといって、その仕事が簡単なものであるといっているのではなくて、それは周到な考慮と研究に値する仕事だといっているにすぎないのである。

一般的原理や一般的態度を教えるのに、そのような努力をするという考え方に反対するおもな議論のおそらく第一は、特殊的なものを通して一般的なものに接近するほうがよいということ、第二は、作業態度はそとにあらわに出されるよりも、暗黙のうちに含まれているべきだということであろう。たとえば、生物学における主要な組織概念の一つは、「このものはどのような機能に役立つのか」という、いつもでてくる疑問であるが、その疑問は、有機体のなかにみられるものはなんでも、なにかの機能に役立つものであり、もしそうでなければ、それはおそらく残存することはなかったであろうという想定を前提にしているのである。この疑問に関連した一般的観念がほかにもある。生物学の学習で進歩した生徒は、もっと微細にその質問をだし、さらに多くのことをそれに関連させることを学習するものである。つぎの段階になると、生徒は、ある特定の構造または過程が、生物の全体の機能作用において欠くことのできないものであるということに照してみて、どのような機能に役立つかを質問するようになる。機能という一般的観念に役立つように、測定と類別がなされる。さらにそれを越えて、生徒は、機能についてのさらに包括的な概念で自分の知識を組織しようとして、細胞の構造または系統発生的比較に目を向けるであろう。一般的概念の有効な意味を学習する背景として、ある特定の学問の思考様式が必要であろうが、そのような場合、「機能」の意味を一般的に教えるよりは、生物学の文脈でそれを教えるほうが効果が多いといえるだろう。

「態度」を教えるとか、または数学において発見的教授法で教える場合においてさえ、議論されているのはつぎのことである。すなわち学習者が自分自身の態度または方法をあまり意識しすぎると、学習者はその作業において、機械的になるか、または悪がしこい要領を身につけるようになりはしないかということである。この点に関して明白な根拠がないので、この方法で教えようと努力するまえに研究をする必要がある。イリノイでいま物理現象について子どもたちがさらに効果的な質問を出してくるように訓練する研究が継続中だが、この問題が明らかになるためには、さらに多くのことが分らなければならない。

「なすこと」と「理解すること」との相違がよくいわれている。その相違というのは、たとえば、数学上の観念は理解しているかもしれないが、それをどのように計算において使用するかを知らないでいる生徒の場合にあてはまるような相違である。そのように区別することがあやまりかもしれない。なぜなら、生徒がなにをしているかを見ないで、その生徒がなにを理解しているかをどうしてわれわれは知ることができようか。だが、その相違は、教授と学習のどちらに重点をおくかという興味あるちがいを指摘しているのである。このようなわけで、問題解決の心理学に関する古典的書物のなかには、「暗記のドリル」と「理解」を区別してその間にきびしい線を引いているものがある。(たとえば、マックス・ウェルトハイマー『生産的思考』)ところが実をいえば、ドリルは丸暗記になるとは限らず、また残念なことには、理解を強調しても、生徒を一種の口達者にすることになるかもしれない。学校数学研究グループ（ＳＭＳＧ）に属するひとびとの経験で、計算練習は、数学における概括的な観念を理解するようになるために必要な一段階であろうということが分った。似たような方法で、高等学校の生徒に、対照的な作家たちの作品を読ませて、文体感を与えようと試みてもよいが、自分の手で異なった文体で書いてみたときはじめて生徒は文体に対する洞察力を最後にもつことができるだろう。実のところ、なにかをすればそれの理解をたすけることになるということが、実験作業の根底にある前提であるのである。ウッヅ・ホールで、ある心理学者がいった「自分がしていることを感じることなしに、自分が考えていることをどうして知ることができようか」という警句は、うまいことをいったものである。いずれにしろ、その二つを区別しても大して役立つものではない。ある一定の分野において、どのような練習の方法が、その教材を知的に習得したという感じをもっとも多く与えることになるだろうかと問うことのほうが要点をついている。数学のいろいろな部門で、どのような計算練習を使えばもっとも成果があがるだろうか。ヘンリー・ジェイムズの文体で書く努力をすれば、その作家の文体に対してとくに優れた洞察力をもてるものだろうか。そのようなことがらを理解するためには、上手な教師が使用している方法を研究することがよい出発点になるであろう。せっかく知識《インフォーメイション》を集めても、その知識が教授の技術——いいかえれば、実は複雑な知識を一般的な形で教える技術のことだが——に関する多くの価値のある実験研究を示唆していないとすれば、これは驚くべきことである。

最後に、試験に関して一言いっておく必要がある。教科のささいな面を重視するような試験は悪いにきまっている。そのような試験は、ばらばらなしかたで教授し、丸暗記で学習することを助長するだけである。だが、教育課程と教授法を改善するのに試験が役にも立ちうるということがしばしば見すごされている。試験は、多肢選択法を含めた「客観的」型のものであれ、論文型のものであれ、教科のもっている包括的な原理の理解を強調するように工夫することができる。じっさい、詳細な知識を試験するときでさえも、特殊な諸事実の間の関連を生徒に理解させるような方法で試験することができる。基本的原理の理解に重点をおいた試験をつくろうということで、教育テスト事業部(Educational Testing Service)のような全国的なテスト団体がいま一致して努力している。そのような努力は非常に役立つものである。地方の学校教育機関が試験のいろいろな作り方が書かれている手引書を利用できるようになれば、それらの機関もまた助かるであろう。綿密な試験をつくるのは容易ではないから、そのために十分に配慮された手引書がつくられるならば、それは大いに歓迎されるであろう。

要点をまとめてくりかえすと、この章のおもなテーマは、教科の課程は、その教科の構造をつくりあげている根底にある原理についての得られるもっとも基本的な理解によって決定されなければならないということであった。特殊な題目や技能を、ある知識の領域のより包括的な基本構造のなかでそれらが占める文脈上の位置を明らかにしないで教えるのは、つぎにのべる若干の深い意味において不経済なことである。第一に、そのように教えれば、生徒がいままでに学習したものから、のちに学習するものへ通ずる一般化をすることが非常に困難になるのである。第二に、一般的原理を把握することができなかった学習は、知的興奮という報いを得ることはほとんどないのである。教科に興味をもたせる最善の方法は、その教科を知るだけの価値のあるものにすることであり、そのことは、得られた知識を、いま学習した事態を越えたさらに先の思考においても使えるようにすることを意味している。第三に、知識を獲得しても、それを相互に結合するだけの十分な構造をもたなければ、その知識は忘れられがちなのである。関連のない一組の事実は、記憶のなかであわれにも短命に終る。事実を、それが意味づけられている原理や観念と結びつけて組織することは、人間のもっている記憶が失われてゆく急速な速度をゆるめるただ一つの方法として知られている。

ある知識分野の基礎的構造を反映させるようにして教育課程を編成するためには、その分野のもっとも基本的理解が必要である。それは、もっとも有能な学者や科学者の積極的参加なしには遂行できない仕事である。過去数年の経験で分ったことは、そのような学者や科学者が、経験のある教師や児童発達の研究家と協力して仕事をするならば、われわれがこれまで考察してきたような種類の教育課程を準備できるということである。教育上の諸改革が、われわれがいま生きている時代の科学革命と社会革命の挑戦に応じようとするのであれば、教育課程に必要な内容を実際に作成する仕事や、教員養成や、研究に対する財政的支持などにいま以上に努力する必要があろう。

効果的であると同時に興味のあるようなしかたで、どうすれば一般的原理を教えることができるかについては多くの問題があるが、これらの問題を解く若干の鍵となるものはすでに考察してきたはずである。分りすぎるほど明らかなことは、現在実施されている実践を吟味し、実験的に試みられそうな教育課程をつくり、さらにまた、教授法を改善しようという全般的努力を支持しまた指導することのできる研究を遂行する仕事がまだ多く残されたままであるということである。

これまでに論じてきた種類の教育課程を、異なった年齢の子どもたちが知的に理解できるようにするにはどうしたらよいか。

第三章　学習のためのレディネス

どの教科でも、知的性格をそのままにたもって、発達のどの段階のどの子どもにも効果的に教えることができるという仮説からはじめることにしよう。これは、教育課程というものを考えるうえで、大胆で、しかも本質的な仮説である。それと矛盾する証拠はなにもないどころか、それを支持するかなりな証拠が集まっている。

その意味を明らかにするために、三つの一般的考えかたを吟味してみよう。その第一は、子どもの知的発達の過程、第二は、学習の行為、第三は、まえに紹介した「ラセン形教育課程」という概念に関連しているものである。

知的発達

子どもの知的発達に関する研究は、子どもは世界を観察し、それを自分自身に説明する場合に、その発達の各段階において、それぞれ特徴的な方法をもっているという事実を明かにしている。特定の年齢の子どもに、ある教科を教えるという仕事は、いわば、その子どもがものを観察する方法と結びつけて、その教科の構造を示すことなのである。それは翻案する仕事と考えてよい。

いまのべた一般的仮説は、つぎにのべるような慎重な判断を前提にしている。すなわち、どのような観念でも、そのままで、また有効に学齢段階の子どもの思考形態のなかに示すことができるということ、しかもこのようにはじめにそれを示すならば、それはこの初期の学習によってそれだけ容易に、あとになってもっと強力に、また正確になるということである。この見解を説明し、それが正しいということを支持するために、ここで、知的発達の経路をやや詳細に描写すると同時に、知的発達の異なった段階における教え方を二、三示唆してみよう。

ピアジェ及びその学派に属するひとびとの業績が示唆しているところによれば、子どもの知的発達は、大まかにいって、三つの段階に区分できるようである。その第一の段階は、おもに就前児童の特徴に関しているので、ここで細かいところまでかかわりをもつ必要はない。ほぼ五、六歳のときに終るこの段階においては（少なくともスイスの子どもの場合）、子どもの知的作業はおもに、経験と行動の間の関係をうちたてることからなっている。つまり、子どもは行動を通じて世界を操作することに関心をもっている。この段階は、ほぼ言語の最初の発達からはじまって、子どもが記号《シンボル》の操作を学習するまでの期間に相当する。このいわゆる前操作的段階において、子どもが達しうるおもな記号操作の能力は、単純な一般化によってつくりあげられた記号を用いて、外的世界をどのようにあらわすかを学習するところまでである。つまり、ものはある共通の属性をもつという意味で同等なものとして示されるのである。だが、子どもの記号の世界では、一方で内的動機と感情、他方では外的実在との間に明確な分離がない。太陽は、神さまがそれを押し動かしているから動くのであり、星は、子どもが寝るのと同じように寝なければならない。子どもは、自分の目標とそれを達成する手段とをほとんど区別できない。また、実在を操作する試みがうまくゆかないで、自分の活動を修正しなければならないときにも、記号的操作よりもむしろ直観的規制とよばれるものを用いてするものである。この直観的規制は、思考を加えた結果というよりも、試行錯誤そのままの性格をもつものである。

発達のこの段階において欠けている主要なものは、ジュネーブ学派が可逆性の概念とよんでいるものである。前操作的段階の子どもは、ちょうど粘土の球の形を変えるときのように、ある物体の形を変えても、それをただちにもとの状態にもどすことができるという観念を把握することができない。この観念が基本的に欠如しているために、子どもは数学や物理の基礎にある一定の基本的諸観念を理解することができないのである。つまり、ここでいっている基本的諸観念というのは、一組のものが小さいグループに分割されてもその量を保存しているという数学的観念や、ある物体の形が変えられてもその質量と重さを保存しているという物理的観念などのことである。教師はこの段階の子どもを、たとえ高度に直観的なしかたで教えるにしても、諸概念を子どもに伝達することはほとんどできないものであることはいうまでもない。

発達の第二の段階――いまや子どもは学校にいっているのだが――は具体的操作の段階とよばれている。この段階は、たんに行動的であるというまえの段階とは対照的に、操作的である。操作は行動の一つの型である。すなわち、その操作は、物体を操作することによってむしろ直接的になされたり、または、心のなかで事物や関係を再現する記号を操作するときのように、内的になされることもできる。大まかにいえば、操作は実世界に関するデータを心のなかにとりいれ、それを、問題解決のさいに選択的に組織し、使用できるように変形する手段なのである。ボールをある角度で壁にあててはねかえすピンボール機を子どもに与えるとしよう。ボールが壁にあたる角度とはねかえる角度の間の関係がどれだけ子どもに分るだろうか考えてみよう。年少の子どもにはこの問題が分っていないのである。子どもに分るのは、ボールが弧状に動き、途中で壁にふれるということだけである。たとえば、十歳ぐらいのいくらか年のいった子どもは、二つの角度が大まかに関連していること、つまり、一つの角度が変われば他の角度も変わるということが分る。さらに年のいった子どもは、その両者の間に一定の関係のあることが分りはじめ、それが直角であるといえるのが普通である。つぎに、十三、四歳の子どもは、発射機を真直に壁に向け、ボールが発射機の方にもどってくるのを何回も見て、二つの角度は等しいという観念を得ることができる。ボールあての現象を子どもが見るこの年齢ごとに異なる方法は、この意味における操作の結果をあらわしているものであり、子どもの思考は、自分の観察したことをまとめあげる方法によって制約されているものである。

操作は内面化され、可逆的であるという点で、単純な行為や目標に向けられた行動とは異なっている。「内面化」とは、子どもはもはや外面的な試行錯誤によって問題解決を手さぐる必要はなくて、頭のなかで実際に試行錯誤をやれるということを意味している。そこに可逆性がある。なぜならば、「完全な補正作用」とよばれうる特徴をもった操作がそこにみられるからである。つまり、操作はそれと逆の操作によって補正されうるのである。たとえば、ビー玉を小群に分けても、再び加え合わすともとの数になることを、子どもは直観的に把握することができる。子どもはある重みで天びんを片方にさげすぎると、つぎには計画的に、もっと軽い重みをかけてみるとか、または天びんをもとの均衡にもどすものをさがしたりする。子どもは可逆性でゆきすぎをして、一度焼かれた紙をもとにもどすことができると考えることがある。

具体的操作ができるようになると、子どもが操作に用いる内面化された構造が発達してくる。天びんの例でいえば、構造とは子どもが心のなかにもっている重さの序列である。そのような内面的な構造が重要なのである。それは内面化された記号の体系であって、それを用いて子どもは、ピンボール機とボールの壁への投射と反射の角度の例にみられるように、世界を再現するのである。子どもが諸観念を把握しようとするのであれば、これらの観念をその内面的構造の言語に翻案しなければならない。

だが、具体的操作は、なるほど分類の論理と関係の論理によって導かれるものであるが、ただ直接目に見える実在だけを構造づける手段なのである。子どもは自分が出会う事物を構造づけることはできるが、直接自分のまえになかったり、またはいままで経験したことのない可能性を容易に取扱うことはまだできない。だからといって、具体的に操作している子どもたちが、目に見えないものを予知することができないというのではない。ここでいおうとしているのは、子どもたちは、一定のときに存在しうる選択可能性の全範囲を系統だって思いおこさしてくれる操作を意のままにしていないということなのである。子どもたちは、自分がもっている知識《インフォーメイション》を越えて、そのほかに起るかもしれないことを記述できるところまで系統だって進むことができないのである。およそ十歳から十四歳までの間に、子どもは第三の時期に入ってくるのだが、それをジュネーブ学派は「形式的操作」の段階とよんでいる。

この期の子どもの知的活動は、自分で経験したもの、または自分のまえにあるものに限られているのではなくて、仮説的な命題のうえに立って操作する能力にもとづいているように思われる。

いまや子どもは、可能な変数を考えたり、のちに実験または観察によって証明することのできる潜在的関係を演繹することさえできるようになる。子どもが行う知的操作は、論理学者、科学者または哲学者が用いるものと同じ種類の論理的操作にもとづいているのではないかと思われる。子どもが、まえには問題解決をみちびいてはくれたが、叙述しまたは形式的に理解することのできなかった具体的観念を、形式的または公理的に表現できるのはこのためである。

子どもは、具体的操作の段階に入ると比較的早い時期に、数学、自然科学、人文科学、社会科学のかなり多くの基礎的観念を、直観的、また具体的に把握することができるようになる。だが、それができるのは具体的操作の点からだけである。第五学年の子どもたちは、非常に高等な数学を模した規則をもった数学ゲームができることを示している。子どもたちは、帰納的にこれらの規則に到達し、その規則を用いて作業するしかたを、実際に学習できるのである。ところが、子どもたちがゲームとしていることを数学で形式的に説明するよう無理に強制でもしようものなら、かれらはまごつくであろう。たとえ、これらの規則でかれらの行動を完全にみちびくことができたとしてもである。ウッヅ・ホール会議において、第五学年の子どもたちが、函数論からでてくる中心的観念をきわめて敏速に把握してみせる授業実演の機会があったが、その場合に教師が、函数論とはなにかを子どもたちに説明しようと試みたならば失敗したであろう。あとになって、子どもたちが適当な発達の段階に達し、具体的操作をある程度練習すれば、学習する必要のある形式を整えた教科にかれらを導入しうる時が熟してくるであろう。

基礎的観念を教えるうえでもっとも重要なことは、子どもが具体的思考からはじめて徐々に、概念的にみてさらに適切な思考様式を使用できるように進むのを助けてやることである。だが、子どもの思考様式からかけはなれ、子どもにとって意味の乏しい論理にもとづいた形式ばった説明でしようとしても無駄である。たいていの数学の教えかたはこの種のものである。子どもは数学の体系を理解することを学ぶのではなくて、むしろ一定の工夫や解きかたを、それがもっている意義や関連性を理解せずに適用することを学ぶことになるのである。それらが子どもの思考方法に翻案されることがない。いったんこのようなまずいしかたではじめると、「正確であること」――正確さは計算にとってほどには数学に関係がないのだが――が自分には重要であると簡単に信ずるようになる。この種のものでおそらくもっとも顕著な例が見られるのは、高等学校の生徒がはじめてユークリッド幾何学を学習するしかたの場合であろう。その場合、子どもは簡単な幾何図形やそれらを取扱う直観的手段についてなんらの経験もしていないのに、一連の公理と定理がユークリッド幾何学だとして教えられるわけである。はじめに生徒に、彼が容易についてゆける水準で、直観的幾何学の形をとって概念や解き方を与えるならば、彼があとになって出会うことになる定理や公理の意味を深く理解することがはるかにうまくできるであろう。

だが、子どもの知的発達は時計の動きのようなものごとの連続ではなく、一方では環境、とりわけ学校環境からの影響に反応するものである。だから、科学的観念を教えるには、小学校の水準においてさえも、子どもの認知力が発達する自然の経路に盲従する必要はない。科学的観念は教えかたによっては、子どもをさらにさきに向って発達させるように、彼をはげますものであって、しかも彼が使いこなせる機会を提供することによって、彼の知的発達をうながすこともできるのである。経験の示すところによれば、成長過程にある子どもを発達のつぎの段階に誘いこむ問題をかれに与えてみるのは努力に値することなのである。初等数学に深い経験をもっている教師の一人、デイヴィッド・ページはつぎのようにいっている。「幼稚園から大学院まで教えてみて、私はあらゆる年齢の人間が知的な面で類似性をもっているのを知って驚いた。といっても、多分子どもは大人よりももっと自発的であり、創造的であり、精力的でさえあるのだが。私の知っているかぎり、どんなものでもたいてい年少の子どもたちが理解できる言葉で与えれば、子どもたちは大人たちより早く学習するものである。教材を子どもたちが理解できる言葉で与えるということは、まったく面白いことに、教えるひと自身が数学を知っていることを意味するのであり、よく知れば知るほどよく教えられるものである。ある特定の題材について教えることが絶対に困難だときめてかからないように注意したほうがよい。私が数学者たちに向って、第四学年の生徒は『集合論』までゆけるというと『もちろんそうだ』と答えてくれるひとは少ない。たいていのひとはびっくりする。『集合論』は本来難しいものだと彼らが考えるのは完全なあやまりである。いうまでもないが、どんなものでも本来難解だということはないであろう。いまのところ、それを提示するのに適切な見解とそれをいいあらわすのに適した言葉が現れてくるのを待つほかはない。ある特定の教材または特定の概念を与えて、それについて子どもにつまらない質問をしたり、あるいはつまらない質問をさせたりするのは容易である。とてもできそうでない難かしい質問をするのもまた簡単である。答えられることができ、どこかに手応えのある『媒介になる質問』をさがすのがコツである。これこそ教師と教科書に課せられた大きな仕事である」と。このよく工夫された「媒介になる質問」によって、子どもが知的発達の諸段階をいまより早く通りすぎて、数学や物理学や歴史学上の諸原理をより深く理解するようにみちびいてゆくことができる。これを可能にする方法をわれわれはもっと多く知る必要がある。

数学や物理学を学習するさいに、子どもが知的発達のいろいろな段階をもっと早く進んで通ることのできる方法を示唆するよう、ジュネーブ学派のインヘルダー教授に質問がなされた。つぎにのべるのは、彼女が会議のために準備した覚書の一部である。

「推理のもっとも初歩的な形態は――論理学、算数、幾何、物理学などのいずれの場合であっても――量の不変性という原理にもとづいている。すなわち、全体は、その部分の配置、その形の変化、または空間ないし時間におけるその移動のいかんにかかわらず、もとのままである。不変性の原理は精神の先験的な所与でもなく、純粋に経験的な観察の産物でもない。子どもは一般には科学的発見にも比較されうるような方法で不変性を発見するものである。子どもが不変性の観念を把握するといっても、教師がしばしば気づかない困難が子どもをとりかこんでいる。年少の子どもには、全体の数、空間の量《ダイメンション》、物理的量は恒常のままとは思えないで、作用が加わればそれらは膨脹または収縮すると思われている。箱のなかのビー玉の全体の数は、二、三または十の数の山に分けられようと同じなのだが、このことを子どもが理解するのは非常に困難である。年少の子どもは、変化がある一つの方向に作用していると感知するのであって、ものの基本的特徴のあるものは変化するどころか恒常であり、それが変化するとしても、その変化は可逆的であるという観念を把握することはできないのである。」

「子どものもっている不変性の概念を研究するのに多くの例が使われているが、その二、三の例によって、子どもが不変性の概念をより容易に学習できるように援助するのに用いられる教材の種類を説明してみよう。子どもが既知数のビー玉または既知量の液体を、背が高くて狭い一つの容器からひらたくて幅の広い他の容器に移すとする。年少の子どもはひらたい容器よりも背の高い容器にたくさん入っていると考える。ところで、同量であるが二つの形のちがう容器の間の一対一の対応性に具体的に子どもを立ち向わせることができる。それには調べる容易な方法があるからである。つまり、ビー玉は数えることができるし、液体も何らかの標準を使って測定できるわけである。それと同じ操作を空間量の保存ということを知るときに行う場合、長さには一組の棒を使い、面積には一組のタイルを使ったり、または積木でできている立体の形を子どもに積木の数を変えないで形を変えさせたりする。物理では、砂糖をとかしたり、容積を変えないで粘土の球の形だけを変えさせたりしてそれと同じことを教えることができる。もしも子どもを、彼のもっている知覚的、原始的観念からぬけださせ、不変性の観念を適切に直観するようにうまく教えみちびかないならば、子どもは数量の不変性という観念を得ることなしに数をかぞえることになるであろう。あるいはまた、子どもは移行性――AがBを含み、BがCを含むならば、AはまたCを含むということ――という操作を知らないままに幾何学的方法を使用するであろう。物理学の場合には、子どもは重さ、体積、速さ、時間のような不完全に理解されたままの物理学的概念に計算を適用するであろう。自然な思考過程を考慮した教授法は、子どもが具体的データに直面しておこなう原始的思考様式を越えて進む機会を子どもに与えることによって、そのような不変性の原理を発見させるであろう。背が高くて幅のせまい容器で体積が大きく見える液体は、ひらたくて背のひくい容器のなかにある液体と実際は同じであると子どもが気づくときのようにである。次第に形式化してゆく具体的活動は、数学や論理学の本性上可逆的な操作に近づいてゆく一種の心的可動性に子どもをみちびいてゆくものなのである。子どもは、どのような変化も逆の操作によって頭のなかでとり消すことができるものだということ——加法を減法によって相殺するように——また変化は逆の変化によってうめ合わされるものだということに徐々に気づくようになる。」

「子どもは一時に一つの現象のただ一つの面だけに集中することが多く、このことが彼の理解をさまたげるのである。子どもをその他の面にも注意させるような小さな教授実験を設定することができる。七歳ぐらいまでの子どもたちは、二台の自動車の速度を最初に到着したものが早いとか、他の一台を追いこしたものが早いと考えることによって見分けるのである。そのような過ちをなくすにはオモチャの自動車を使えばよい。終点からそれぞれちがう距離から出発した二台の自動車は、たとえその一台が最初に終点に到着したとしてもそのことで早いと判定されてはならないこと、また一台の自動車は他の自動車をぐるりと廻って追いこせるが、それが必ずしも最初に終点に到着しないこともあるということを示すことができる。いまのべたようなことは簡単な練習にすぎないが、それでも子どもが一つの事態のいくつかの特徴を同時に気づくことを早めるのに役立つのである。」

「以上のすべてを考えてみると、とくに射影幾何学を早く教えていない場合には、たとえばユークリッド幾何学や計量幾何学を教えることを小学校の終りまで延期するのは、きわめて独断的であり、また多分に間違ったことのように思われる。物理学を教える場合でも同じだが、そのなかにはもっと早く帰納的または直観的水準で教えたほうが有利なものが多くあるのである。これらの学問分野の基礎的概念は、それらの概念が数学的表現をとらないで、子どもが自分自身であつかい、つかえる材料を通じて勉強されるという条件があれば、七歳から十歳までの子どもも完全に理解できるものなのである。」

「とくに数学の教育課程の順序をどうするかということに関連したいま一つのことがある。心理発達の順次性は教科のなかにある諸概念の発達の歴史的順次性に従うよりも、もっと密接に教材の公理の順次性に従っていることが多い。たとえば、連結性、分離性、内在性などという位相幾何学上の概念は、幾何学におけるユークリッド的概念や射影幾何的概念の形成に先行していると考えられている。もっとも、数学の歴史においては前者の諸観念は後者よりも形式化されるのがおそかったのだが。教科の構造を教えるのに、歴史的発展の順次性よりもむしろ適切な論理的または公理的順次性に従うことになにか特別の理由づけが必要であるとすれば、いまのべたことがそれをしてくれるはずである。だからといって、その文化的または教育学的妥当性という見地からみて、歴史的順次性が重要でないといっているのではない。」

「投影法や射影法という幾何学上の概念を教えることに関しても、具体的経験を分析する子どもの操作能力についての実験や実験授業を利用すれば役立つことが多い。われわれは子どもがある装置を使って作業するのを見たことがあるが、その器具には距離を固定してあるロウソクと幕の間の異なった位置に、異なった直径の輪がおかれてあって、輪は幕のうえにいろいろな大きさの影をなげるようにできていた。子どもはなげかけられた影が、光源からの輪の距離の函数としてどのように大きさを変えるかを学習するのである。子どもが事態を理解するように、光についてのそのような具体的経験を与えて、最後にはその子どもに射影幾何学の根底にある一般的諸観念を理解させる基本訓練をさせるわけである。」

「これらの例で考えさせられるのは、いままでよりもかなり年齢の低い子どもに、自然科学や数学の基礎的観念を教える方法を工夫するのは可能であるということである。系統的な教授によって、あとになって、中等学校の水準に達したときに非常に有効に使えるような基本事項の基礎工事ができるのは、まさにこの早期の年齢の頃である。」

「現代科学のきわめて普通で、なおかつ重要である特徴の一つである確率的推理は、カレッジ以下の現代の学校でほとんど教えられていない。それが教えられていないのは、ほとんどすべての国の学校教授要目が科学の進歩にみじめなほど時間的なおくれを示しているからである。それはまた統計的現象の理解は事件の稀有性や普遍性の意味を学習者が把握するかどうかにかかっているという考えがひろまっているためでもある。たしかに子どもたちにそのような観念を理解させるのは困難であろう。だが、われわれの研究は、統計的現象の理解には年少の子どもの能力で十分可能な具体的な論理的操作を使用することがむしろ必要であるということを示している。しかし、この場合、これらの操作がぎこちない数学的表現をともなわないことが必要である。これらの論理的操作のうちでおもなものは離接(『AかBのどちらかが真である』)と組合せである。クジをひくゲーム、ルーレットのゲーム、結果がガウスの分配曲線になるゲームはすべて、確率について考えるのに必要な論理的操作を子どもが基礎的に把握するのに理想的である。そのようなゲームで子どもたちは、演繹的確実性と対照して不確定な事件と定義されている偶然性についての完全に質的な概念を最初に発見する。確実性の一部分としての確率に関する概念はもっとあとになってようやく発見されるのである。これらの発見はいずれも、確率理論にいつもともなっている確率計算のテクニックまたは形式的表現を子どもが学習するまえになされうるのである。どんな統計的な過程や計算を導入する以前でも、確率的性格をもった問題に対する興味を容易に目覚まし、発展させることができよう。統計的な操作や計算は直観的理解ができあがったのちにはじめて使用さるべき道具にすぎない。最初からありとあらゆる計算方法をもちこめば、それは確率的推理の発達をさまたげるか止めてしまうことになるだろう。」

「以上のべたすべてのことを考えてみると、学校の最初の二ヵ年で、論理的な加法、乗法、包摂、順序づけなどの基礎の操作を強調するようなしかたで、対象を操作し、分類し、かつ順序づける一連の練習をさせるのは興味のあることではないだろうか。なぜなら、たしかにこれらの論理的操作は、すべての数学と科学の、さらに特殊な操作や概念の基礎だからである。そのような早期の科学や数学の『教育課程前の教育課程』(pre-curriculum)は、やがていつかは子どもに直観的で、より帰納的な理解を与えるだろうと事実考えられるが、そのような理解はのちになって数学や科学の正規の教科の課程で明確な形をとるようになる。われわれはそのような方法が、科学や数学にいま以上の連続性をもたせ、子どもに概念についてのよりよく、より確実な理解を与える効果をもつと考えるが、その子どもが早期にこのような基礎をもつのでなければ、なんら効果的な方法でこれらの概念を使用することができないままに、のちになってこれらの概念をただ口先だけで話すことになるだろう。」

社会科や文学を教える場合にも、たしかに同じような方法をとることができる。これらの教科で子どもが学習する概念の種類に関する研究はほとんどなされてきていない。そのことに関する豊富な観察や逸話はあるのだが。子どもに一つの物語の最初の部分を提示し、つぎに喜劇、悲劇または笑劇の形式で——そのような単語は一度も使わないで——その物語を子どもにつくりあげさせるようなしかたで、文学形式の構造を教えることができるだろうか。たとえば、「歴史的趨勢」という観念はいつ発達するのだろうか。また、子どものなかにそれに関したどのような前兆がみられるだろうか。どのようにして子どもを文学のスタイルに気づかせればよいのだろうか。ビイアボーム(訳註——イギリスの作家一八七二—)が『クリスマス・ガーランド』で試みた方法にならって、まったく異なったスタイルで書かれた同じ内容のものを子どもに提示すれば、おそらく子どもはスタイルの観念を発見できるだろう。くりかえすようだが、どの教科でも、ほとんどどの年齢のどの子どもにも、なんらかの形で教えることができないと信じる理由はないのである。

ここでただちに、教えるうえでの能率の節約という問題がでてくる。幾何を教えはじめるのに、射影的で直観的な第一段階にすぐひきつづいてその教科を完全に形式を整えて提示しようとすれば、子どもが十三、四歳になるまで待ったほうがよいのではないかと問われるのももっともである。年少の子どもが知識の形式性を会得できるまえに、知識の基礎的理法を発見するようにその子どもを帰納的に訓練する価値があるだろうか。インヘルダー教授の覚書は、最初の二学年を使って、数学や科学の教育の根底になる基礎的な論理的操作を子どもに訓練してもよいと示唆している。そのような厳しくて適切な早期訓練は、その後の学習を容易にしてくれる効果があると指摘できる証拠がある。じっさい、「学習態度」(learning set)に関する諸実験はまさにそのこと——つまり、ひとはただ特殊な諸項目を学習するだけでなく、その学習によって、学習のしかたを学習するものであるということ——を指摘しているように思われる。訓練自体が非常に重要なことがつぎのことで分る。すなわち、問題解決の広範な訓練をうけた猿は脳傷害をうけたあとでも、まえにこのような訓練をうけてない猿にくらべて、問題解決の能力の損失がかなり少なく、回復も早いということである。だが、そのような早期訓練に危険があるとすれば、それは本来めざしている観念を訓練することにならないで、それからそれた観念をうえつける結果になりはしないかということである。このことに関して役立てる証拠はなく、たくさんの証拠が必要なのである。

学習行為

教科の学習は三つのほとんど同時的な過程を含んでいると思われる。その第一は新しい情報《インフォーメーション》の獲得なのだが、その情報はかつて、ひとがそれとなく知っていたものか、それともはっきりと知っていたことと反対のものであったり、またはそれと置きかえられたものであることがしばしばである。それがまえからもっていた知識を洗練するようなことはめったにないものである。このようなわけで、生徒にニュートンの運動の法則を教えても、それは生徒が感覚で知ったものに反している。また生徒に波動力学を教えても、機械的衝撃が真のエネルギー転換のただ一つの原因だという生徒のかたい確信に反することになる。さらにまた、エネルギーは失われないという物理学における保存の法則を生徒に教えることによって、「エネルギーの消耗」という言葉とそれにわくづけられた生徒の思考方法とにはげしく衝突することになる。ところが、血液の循環を、ばくぜんとでもまたは直観的にでもすでに知っている生徒に循環器系統の詳細を教えるときのように、事態はさほど徹底的でないのが普通である。

学習の第二の面は変形とよばれていいものだが、それは知識を操作して新しい課題に適合させる過程である。われわれは、情報を整理するのに他の情報をそのなかに挿入したり、そのそとにつけ加えたり、または別の形に転換させたりする方法でするために、情報の「正体を暴露」(unmask)したり、分析したりすることを学習するのである。変形はわれわれがその情報を越えてすすむために、それを操作する諸方法を含んでいるのである。

学習の第三の面は評価であるが、それは、われわれが情報を操作した方法がその課題に適切であるかどうかを照合することである。一般化は適切になされたか、ある情報に他の情報を外から加えるのはうまくできたか、われわれは正しく操作しているのかを照合するのである。評価について教師の助けが決定的に重要である場合は多いが、評価の多くは蓋然的な判断でなされ、その評価の努力が正しいのかどうかを厳密に検査することは実際にはできないのである。

どの教材を学習する場合にも、そこには普通一連の〝エピソード〟(訳註――〝エピソード〟とここで呼んでいるのは一まとまりの重要な学習経験のこと)があって、一つ一つの〝エピソード〟は以上の三つの過程を含んでいる。光合成といわれるものは生物学における一つの学習エピソードのための教料を相当に含んでいるといってもよく、エネルギー転換を全般的に学習するといったような、より包括的な学習経験に適している。もっともうまくいった場合には、学習エピソードはまえに学習したことを呼び起して、その学習経験を越えて一般化をさせてくれるのである。

学習エピソードは簡潔でも、長くてもよければ、多くの観念を含んでいても、ごくすこしの観念を含んでいてもよい。学習者がよろこんで学習する一つのエピソードがどれだけ持続するかは、成績順位をつけてもらえるというような外的な意味だけでなく、理解力が増加するという意味で、その学習者が自分の努力の結果に期待するものにかかっている。

われわれは、学習エピソードをつぎにのべるいくつかの方法で操作して、教材を生徒の能力や要求に適合させるのが普通である。すなわち、エピソードを短くあるいは、長くしたり、賞讃するとか金賞を与えるなどの形で外的報償を積んだり、教材を完全に理解したときにその教材の意味が分るという感動を劇的に表現してみたりすることである。なるほど教育課程のなかの多くの単元《ユニット》は、理解のやまをもたずにだらだらつづいているものであるが、単元はもともと学習エピソードの重要性を認める意味のものである。異なった年齢の子どものために、また異なった教科において適切な学習エピソードを、どうすればもっとも賢明に工夫できるかということに関する研究は驚くほど不足している。多くの問題は周到な研究にもとづいた解答を必要としているが、ここではそのいくつかをとりあげてみよう。

外からの報償と内からの報償との間の均衡の問題からはじめよう。学習における賞と罰との役割については多く書かれているが、興味、好奇心、発見の魅力の役割についてはきわめてすくない。徐々に長くなってゆく学習エピソードに子どもを馴らすのが教師の意図であれば、教育課程を細密に編成する場合、興味を呼びさまし理解を早める内からの報償をいままでよりもはるかに強く強調しなければならないだろう。いままでほとんど論じられたことのないことだが、生徒に難かしい教材の単元をやりとげさせる方法の一つは、自分の全力を行使する機会を与えて彼をはげまし、彼が完全に、また効果的にやりとげることの喜びを発見させることである。よい教師はこの魅力のもつ力を知っている。問題に完全に没頭することがどんな感じのものかを生徒は知らなければならない。このような感情を学校で経験することはめったにない。もしも学級で十分に没頭したら、そのような感情を自分自身でやらなければならない仕事にもちこむこともできる生徒もあろう。

学習エピソードにおける獲得、変形、評価——つまり、諸事実を手に入れ、それらを操作し、自分のもっている諸観念を照合すること——をどれだけ強調しなければならないかということに関連した一連の問題がある。たとえば、最初に年少の子どもに最小限一組の事実を与え、つぎにこの知識からできるだけ多くの一組の意味をひきだすようにはげますのがもっともよいということになるのだろうか。つまり、年少の子どもに与える学習エピソードは、新しい情報をすこししか含んでいないが、その少量の情報を越えて子どもが自分自身でできることを強調すべきなのだろうか。社会科のある教師はこの方法を用いて四年生相手に大きな成功をおさめた。その一例をあげると、彼は文明は肥沃な河川の流域ではじまったことがきわめて多いという「事実」だけをもって授業をはじめる。学級の討論のなかで生徒たちは、なぜそうなるのか、またなぜ文明は山の多い国に発生しそうもないのかを考えるようにはげまされる。この方法——つまり本質的には情報源発見のテクニックであるが——のもつ効果は、子どもが自分で情報をみつけだし、つぎに情報源に照してそれを照合しまたは評価し、その過程でもっと多くの新しい情報を手にいれることができるということである。これは明らかに一種の学習エピソードであるが、その適用に限界があることは疑えない。ではほかにどんな種類の学習エピソードがあるだろうか、そして、ある種類のものはその他の種類のものと較べてある題材や年齢に適しているだろうか。「学習とは学習のしかたを学習することである」ということがここで問題になっているのではないが、いま利用できる研究文献ではいろいろな学習エピソードの相違にあまり気がついていないように思われる。

学習エピソードの最適の長さに関して、二、三常識的なことはいえるが、これらが実り豊かな研究の可能性を示唆しているのは多分に興味あることである。たとえば、かなりはっきりしていると思われるのは、エピソードは長ければ長いほどまた内容が多ければ多いほど、熱心につぎのエピソードに進むようにひとをはげましてやれば、力と理解がますという点での見返えりが大きいにちがいないということである。理解という報償の代りとして成績順位を使えば、卒業して成績順位をつけられなくなった途端に学習しなくなるだろう。

教科の構造感を多くもてばもつほど、内容がぎっしりとつまった、長いエピソードを疲労することなくやりとげられるといってもさしつかえないようである。事実、ある学習エピソードのなかに含まれている新しい情報の量はそのままただちに使うことのできる量ではない。すでに注意したように、そのような同化されていない情報をどれだけ心にとめておくことができるかにはきびしい制約がある。成人は一時におよそ七つの相互関連のない情報項目を操作できると見積られている。子どもに関したものでそのような基準として役立つものがないのは残念なことである。子どものための学習エピソードを作ることに関して細部にわたって多くを論じてもよいが、これまでにのべた諸問題からだけでも十分にその要点が分るだろう。教育課程をどのように編成するかを理解するうえに、その問題が中心的重要性をもつだけに、これこそ第一番に重要な研究の領域だということは明らかである。

「**ラセン形教育課程**」

もし成長過程にある子どもの思考の方法を尊重し、またもし教材を子どものもっている論理形式に翻案してやるほどに親切であり、子どもの前進をうながすよう積極的に挑む熱意があれば、その子どもがやがて成人して教養ある人間になれるように、小さいときに観念や文体《スタイル》を子どもに導入することが可能なのである。だが、小学校で教える教科に対する一つの基準だとしてそのような教材が十分に教育課程として編成されたとしても、果して大人として知るだけの価値のあるものなのかどうか、また子どものときそれを知ったからといってよりよい大人になれるものかどうかと問われるかもしれない。その二つの間に対する答が否定的であるかまたは曖昧であれば、そのときその教材は教育課程を混乱さしていることになるのである。

この章の冒頭の仮説――つまり、どの教科も、なにほどかそのままの形で、どの子どもにも教えることができるということ――が正しいならば、教育課程は社会の成員がいつも関心をもつ価値があると考えられる重要な問題、原理、価値を中心にして編成されなければならないということになるはずである。文学を教えるのと自然科学を教えるという二つの例を考えてみよう。たとえば、子どもたちに人間の悲劇のもつ意味を気づかせ、悲劇に対する同情感をもたせることがもしかりに望ましいとしたら、子どもに明瞭に分らせて、しかもおそれをいだかせることがないようにして、できるだけ早い適切な年齢のときに悲劇の文学を教えることが可能ではないだろうか。教えはじめる方法はたくさん考えられる。たとえば、偉大な神話の話しかえ、子どもむけの古典の使用、優良選定映画の鑑賞と批評などによってである。厳密にどの種類の教材を、どのような効果をもって、どの年齢で使用しなければならないかは研究の一つの課題である――しかもいく種類かの研究が必要なのである。最初にわれわれは悲劇に関する子どもの概念形成がどのようになされるかを問うてみようと思うのだが、ここでわれわれは、ピアジェとその学派のひとたちが物理的因果関係、道徳性、数などに関する子どもの概念を研究したのと非常によく似た方法で試みることができよう。われわれは、そのような知識をもったときにはじめて、子どもが提示されたものをなんでも自分自身の身につけてしまった言葉に翻案する方法を知るようになるだろう。

またわれわれは、仕事をすすめるまえにすべての研究成果が出されてしまっていることを期待する必要もない。なぜなら、力量のある教師なら、異なった年齢の子どもに直観的に正しいと思うものを教えることを、やってみては訂正するという方法でもって実験することもできるからである。そうしているうちにその教師は、同じ種類の文学であってもそれのより複雑な叙述のしかたのほうへ進んでゆくか、またはもっと簡単に、まえに使用した同じ書物に立ちもどるかするのである。大事なことは、文学に対するはじめの反応のうえにその後の教育がきずかれるということであり、その教育は悲劇の文学に関するより明確な、しかも成熟した理解をつくりだそうと努めることである。偉大な文学の形式はいずれも、またどんな偉大なテーマでもそうなのだが——喜劇の形式であろうと、または人物の性格の同一性、個人的忠誠などのテーマであろうと——同じ方法でこれらを取扱うことができるのである。

自然科学においても同様である。もし数、量、確率の理解が科学の探究に重要であるというのであれば、これらのことがらを子どもの思考様式に一致させるようにして、できるだけ知的性格をそのままにたもち、またできるだけ早く教えはじめなければならない。それらの題材はあとの学年になって、さらに一度も二度もくりかえし展開されなければならない。そのようにすれば、ほとんどの子どもが第十学年用の生物学の単元をとるとしても、その教科に冷やかに接する必要があるだろうか。必要なら最小限の正規の実験作業を用いて、おそらくあまり厳密でなくてもよいがもっと直観的であることをめざして、主要な生物学上の諸観念をもっと早くから子どもたちに導入するのは可能なはずである。

多くの教育課程は、もともとここでのべられたのとよく似た指導理念をもって計画されている。だが、教育課程が実際に実施され、さらに年を経て変化するにつれて、それはしばしばそのもとの形態を失い、一種の無定形状態に堕落してしまうのである。これまでにのべてきた連続性と発展性という問題に注意して、実施中の教育課程を再吟味するようにすすめてもわるくはない。将来教育課程の改訂が正確にどのような形をとるかを予言することはできない。事実、それに適切な解答を与えてくれる研究がいまのところあまりに少ないことは明らかである。せめて最大の熱意をもって、できるだけ早急にこの方面の研究が行われるよう提案するだけである。

第四章　直観的思考と分析的思考

これまでの章で、生徒が立ち向う教科に関する直観的な理解の重要性について――形式的理解に比較してそのちがいを明らかにしつつ――多く語ってきた。学校における学習や生徒の試験では、たいてい明確な公式化や、言語的または数的な公式を再現する生徒の能力を重視している。このような重点のおきかたが、よい直観的理解のその後の発達にとって有害であるかどうかということは、この種の研究がないので明らかでない――実のところ、直観的理解を構成しているのはなにかということさえ明らかでないのである。それでもわれわれは口下手な天才と口達者な白痴とを区別することができる――前者は、自分自身でおこなう操作と推断によって、教科を深く把握しているが、「どうしてそうなるかを言葉でいう」能力をあまりもっていない生徒で代表されるが、それは一見適切な単語を多く知っているようではあっても、それらの単語があらわそうとしている観念を使用するのに適した能力をもっていない生徒と対照的である。直観的思考の性格を周到に吟味することが、教育課程の編成と教育の任にあるひとびとに大きな助けとなるであろう。

数学者、物理学者、生物学者などはそれぞれの分野で直観的思考の価値を強調している。たとえば、数学においては直観がかなり異なった二つの意味で使われている。一方では、ある個人がある一つの問題を長い間やってみて、どちらかといえば突然その解決を得たときに――彼はまだそれを形式的に証明していないが――直観的に思考しているといわれている。他方では、ほかのだれかがある個人に質問をもちかけたときに、そのひとがあるなにかがはたしてそうであるのかということ、または問題に対するいくつもの解決法のうちどれが効果的であるかということを、すばやく、みごとに推量することができれば、そのひとはよい直観的数学者だといわれている。

直観的思考の効果を高めることは、数学や自然科学の分野においてもっとも高く尊敬されている教師の多くがいだいている目標である。高等学校では、平面幾何学をテクニックや形式的証明などに過度に力をいれて教えているというのが典型的であるということ、また幾何学に対してよい直観力をもっている生徒、つまり、提示された証明の妥当性を単に検査したり、記憶したりするのではなく、証明を発見することに優れた生徒を育てるという点にさらに多くの注意をはらう必要のあることがくりかえし指摘されてきている。可能な場合に、形式的証明の代りに視覚的証明が使われているヒルベルトとコーンの共著『幾何学と想像力』にみられるような、幾何学上の実験としての作図《ダイアグラム》の使用のようなことはこれまでほとんどなされてきていない。物理学においいても同様に、ニュートン力学を演繹的にまた分析的に教えているのが普通である。多くの物理学者たちの判断によれば、少なくとも直観的理解の発展ということにあまりにも注意がむけられなさすぎるというのである。事実、若干のひとたちは教師自身が直観的思考をするしかたを改善することが、生徒が直観的使用のしかたを改善することにおとらず問題なのであると示唆している。

だがそれでも、直観というものを、「アラモードはアラモードだがパイのないアラモード」(訳註——「まことに結構だが肝心のものがない」の意味)とみなすのは会議のある一人の参加者がいったように、あやまりである。よい直観力をもったひとはなにか特別なものをもって生れてきたかもしれないが、そのひとがうまくやってゆけるのは、教科に関するしっかりした知識をもち、それに精通しているがために、直観が作用できるなにかの手がかりをもっているからである。教材の直観的操作を効果的に行うためには、教材を高度にこなすことが重要であるということを指摘している学習に関したいくつかの実験があるのはたしかである。

とくに物理や数学の教育課程の改善に関係しているひとびとは、彼らの重要な目的の一つとして、直観的思考の改善に役立つような手続きの必要をしばしば論じてきている。彼らがそのような手続きを考案しようと試みるにさいして、どのような体系的な心理学の知識が役立つだろうかという問題があった。不幸にも、直観的思考の性格やそれに影響を与える要因に関して役に立つ体系的知識はほとんどない。したがって、特定の教科の課程の、いやもっと一般的に教育課程というものの改善にかかわりのあるひとびとに役立つ知識を与えてくれそうな種類の研究——たとえ部分的になされている研究であってもだが——の輪廓を示すことがこの場合非常に適切であるように思われる。ではどんな種類の問題にわれわれは答える必要があるのだろうか。

直観的思考の性格に関する疑問は、直観的思考とはなんであり、それに影響を与えるものはなにかという二つの大きな問題に集中しているように思われる。

われわれは、直観的思考よりも分析的思考についてより具体的なことを多くいうことができる。分析的思考は一時に一歩進むのがその特徴である。その一歩一歩は判然としていてそれを思考しているそのひとが他のひとに十分に報告できるのが普通である。そのような思考はそのなかに含まれている情報や操作を比較的十分に意識しながら進行する。そのなかには周到で演繹的な推理が含まれているだろうが、その場合、数学または論理学、さらに問題にとりくむ明確な計画などを使用することが多い。それはまた帰納と実験の一歩一歩の過程を含むこともあろうが、その場合には研究構想と統計的分析の原理を利用しているのである。

分析的思考とは反対に、直観的思考は、入念で、輪廓のはっきりした段階を追って進まないのが特徴である。事実それは、一見したところ問題全体に対するあらわにあらわすことのできない感知にもとづいた操作を含むのがつねである。思考しているひとはそこにいたった過程をほとんど意識することなしに解決に達するのであるが、その解決は正しいかもしれないが反対にまちがいかもしれないのである。そのひとはどのようにその解決を得たかを自分ではうまく説明できないうえに、問題状況のまさにどの面に対して反応していたかにも気づいていないかもしれない。直観的思考をするには、それに関連している知識領域とその知識の構造に精通していることが必要であるが、そうすることによって、思考しているひとは段階をとびこえ近道をしながら自在に進むことができるのである。だがそれには、演繹的であろうと帰納的であろうと、もっと分析的な手段によって結論をあとでふたたび照合する必要がある。

直観的思考と分析的思考のもつ相互補足的な性格を認識しなければならないと、われわれは考える。直観的思考によって、分析的思考によっては全然得ることができないし、たとえできても、せいぜいゆっくりとしかできない問題の解決に達することがしばしばあるだろう。いちど直観的方法で得られたならば、その解決は、できるなら分析的方法で照合されなければならないが、一方それと同時に、そのような照合の場合、その解決は価値のある仮説として尊重されなければならない。事実、直観的に思考するひとは分析家がしようとしない問題の発明または発見さえするであろう。だが、これらの問題に適切な形式性を与えるのは分析家である。不幸にも学校における学習の形式主義はいくらか直観の価値を低下させてきている。過去数年にわたってとくに数学や自然科学の教育課程を編成してきたひとびとは、生徒のもっている直観的才能をできるだけ早い学年からはじめてさきにむかってのばすにはどうすればよいかを知るためには、もっと多くの研究が必要であると痛感している。なぜなら、すでにみてきたように、演繹と証明という、より伝統的で形式的な方法で生徒を教えるまえに、教材に関する直観的理解をわれわれがしっかりもつことが第一に重要であると思われるからである。

直観的思考の性格とは一体どんなものだろうか。ある特定の問題解決的なエピソードが直観的なものだと認めたり、あるいは直観的能力とはこのようなものだと認定することでさえ実は容易でないことはきわめて明らかである。いまの段階で、観察可能な行動と関連させてそれを正確に定義することは容易にできない。だが、直観が生じたときにそれを直観だと認定する正確な技術とともに、直観的思考に関する純粋で、曖昧でない定義が可能になるときまで、その課題についての研究をのばすわけにはいかないということも明らかなことである。そのような精緻な定義づけの作業は研究の出発点でなく目標点なのである。出発点として十分なのは、ある問題解決的なエピソードがその他のエピソードよりも直観的だと認定できるかどうかを問うことである。あるいは、あるひとの作業のスタイル、つまり好みの様式が、特徴としては一方では分析的または帰納的であるのと、他方では直観的であるのとのどちらか一つであると分類することに賛成できるものか、それとも、学習課題をこれら二つの作業のスタイルのどちらをも必要とするものとして分類するなんらかの方法を見出だすことができるものかどうかを問うてみてもよいだろう。直観的思考とその他の種類の思考を有効性と無効性というような評価的概念と混同しないことが大切であることは明らかである。分析的、帰納的思考にしろ、直観的思考にしろ有効でもあれば無効でもありうるからである。それらが新奇な結果を生みだすか、それともよく知っている結果を生みだすかということで区別してはならない。なぜなら、これもまた重要な区別ではないからである。

直観に関しての作業上の定義を得ようと思えば、ウエブスターの「直接的な理解または認知」(immediate apprehension or cognition)という定義からはじめればよい。この文脈における「直接的な」(immediate)という語は、「間接的に推量された」(mediated)という語——つまり、分析と証明という形式的方法の介在に依存している理解または認知——と対置されている。直観は自分が使える分析の道具にあらわに依存しないで、問題または事態の意味、重要性、または構造を把握する行為を意味している。直観が正しいかまちがっているかは、最終的には直観自体によってではなく、通常の証明の方法によって決定されるものである。だが、すばやく仮説を生みだし、その価値はわからなくても、そのまえに、諸観念の結合を思い当らせるのは直観的様式である。結局、直観は独力で一かたまりの知識を暫定的に秩序づけるものである。そのことは一方で、諸事実の秩序づけは自明のことであるという感じをおこさせるかもしれないが、主として、現実の事態の吟味をすすめてゆくための基礎を与えてくれるのに役立つものである。

結果いかんということで、直観的飛躍のあるものは「よい」こともあれば、あるものは「わるい」こともあるのは明らかなことである。よい直観力をもつひともあるが、そうでないほかのひとには十分注意するように警告しなければならない。よい直観力をもつひとがその根底にもっている発見の補助となる力(heuristic)とはなんであるかは、いまのところ知られていないが、とくに研究に値することである。また、明確に表現された、いわゆる外示的テクニック(explicit technique)をほとんど自動的に使えて、それとなくわかる、いわゆる内示的テクニック(implicit technique)に変形するさいに、なにが関係しているのかもまだ憶測に満ちた問題である。そのさい、経験やまた教科に精通していることが役に立つことは疑えないが、それが役立つのは幾人かのひとにとってだけである。知識の開拓に最初の一鍬をかけようとしている大学院学生を教えているわれわれは、彼らの考えているものにその場でただちに反応しなければならないことが多いが、そのさい、一体なぜわれわれはそう考えるのかを知ろうとするまえに、学生の考えはよいとか、不可能であるとか、あるいはつまらないとか感じるのである。結局はわれわれが正しいということになることが多いが、過去の努力にあまりに慣れすぎて、そのとりこになっていることも時にはある。いずれの場合にしろ、はじめに直観があって、数週間または数カ月たってから、それがよい知慧であったかそれとも無鉄砲なものだったかが実際にわかるのである。指導的な当代の詩人の詩原稿がなんべんか書きなおした順に整理されて、バッファロー大学に集められている。それを調べてみると、ある詩人が行なった訂正はよかったのだとまさしくその場で感じるのだが、なぜその訂正が最初の原稿よりよいのかを言葉でいうのは、その詩の読者にとってもまた同様にその詩人にとっても、困難であったり不可能であったりすることが多いものである。

直観的思考の特徴を明らかにしたり測定したりする方法や手段が必要なこと、またそのような手段を努力してつくらなければならないことはきわめて明白である。この分野の研究方法が将来どのようなものになるかを、いまの段階で予測することはできない。たとえば、作業中の被験者が、いまどちらにしようかと考えている二者択一——つまり、直観的飛躍によるのと、一歩一歩の分析または経験的帰納によるのとのどちらに従って被験者が進もうとしているのかという——の性格を明らかにしてくれるようすすんで話してくれるのをあてにできるだろうか。それとももっと小規模な実験方法が適しているだろうか。また鉛筆とペーパー・テストを用いる集団測定法が測定具として使えるだろうか。すべてこのようなことは試してみるだけの価値がある。

直観的思考に影響を与えそうな要因にどのようなものがあるだろうか。直観を使用する場合の個人差に関連している要因——ある領域では直観的に思考させるが、ほかの領域ではそうでないようにさせる要因でさえも——がたしかにあるはずである。そのような要因に関しては、ただ一連の推測しかできない。もし教師が直観的に思考するならば、それだけ生徒の直観的思考が発展するようになるだろうか。そこに含まれているのはおそらく単純な模倣か、より複雑な同一化の過程であろう。もし生徒が、自分より年上の者が直観的思考方法を効果的に使用するのを見たことがなければ、その生徒が自分の直観的思考方法を発展させたり、それに自信をもつようになりそうにもない。学級の生徒からの質問に対して、まずあて推量で答えて、つぎに自分のこのあて推量の答を批判的に分析しようとすすんでする教師は、まえもってなんでも学級の生徒のために分析してやる教師よりも、生徒にこのような習慣を身につけてやれそうである。つぎに、ある特定の分野で種々の経験を与えてやれば、その分野における直観的思考の効果を増すだろうか。ある教科に広く精通しているひとは、あとになって適切であったと分るような、決断または問題の解決に向って直観的に飛躍する場合が多いように思われる。たとえば、内科の専門家は最初患者に会っていくつか質問し簡単に診察したのちに直ちに正確な診断を下すだろう。もちろん、彼のこの方法がある大きな過ちにいたるかもしれないという危険も同様にある。その場合の過ちは、同じ病例を診断している若いインターン生が用いる、もっと骨のおれる、一歩一歩の分析の結果としてでてくる過ちよりも大きいかもしれない。このような事情のもとでは、直観作用は限られた一組の「手がかり」を使っているということになるのだろう。なぜなら、その直観的に思考しているひとは、なにがほかのなにと構造的に関連しているかを知っているからである。だからといって、「臨床的」予診が厳密に調べた予診よりよいとかわるいとかいっているのではない。この二つはちがったもので、しかもその両方とも有用であるといっているにすぎないのである。

これに関連して知っておきたいのは、教えるさいに知識の構造または関連性を強調すれば、直観的思考の能力がますかどうかということである。数学教育の改善の仕事に関係しているひとびとは、数学の構造または筋道に関した理解力を生徒がのばすことの重要性をしばしば強調している。物理についても同じことがいえる。このような強調のなかには、生徒がそのような構造に関する理解力をもてば、とりわけ問題を直観的に処理するのがうまくなるという確信が暗黙のうちに含まれているように思われる。

いわゆる「発見的学習法《ヒユウリステイク》」のさまざまな手順を教えれば、直観的思考にどのような効果を与えるだろうか。すでに注意したように、発見的学習法の手順は本質的には問題の解決にいたる厳密な方法ではない。発見的学習法の手順は解決にいたることが多いが、必ず解決にいたるという保証はなにも与えてくれない。一方「アルゴリズム」(algorithm)は、もし正確にそれに従ってやるならば、あるきまった数の階程の手続きを経て、解答できる問題であればその解答を見出すことを保証してくれる問題解決のための手順なのである。アルゴリズムの手順が分らないときに発見的学習法の手順が使われる場合が多い。これこそ発見的学習法がもつ利点の一つである。さらにいえば、アルゴリズムが使えるときでも、発見的学習法の手順がそれに比べて非常に速くやれる場合が多い。ところで、ある一定の発見的学習法を教えれば、それは直観的思考を促進するものだろうか。たとえば、つぎのように手順がはっきり分るように生徒に教えねばならないのだろうか。「問題のときかたが分らないときには、それに似たもっと簡単な問題を考えてみよ。つぎに、もっとこみ入った問題を解くためのプランだと考えて、もっと簡単な問題の解きかたでやってみよ。」それとも、生徒がそのような方法でそのようなテクニックを、実際に自分自身に言葉で表わすことなしに、学習するように指導しなければならないのだろうか。もちろんここで、自分がどのようにして歩いたかをいおうとしたときに、歩けなくなった毛虫に関する昔の格言をひきあいにだすことができよう。直観的飛躍のために使用する発見的学習法の規則を、それにとりつかれたかのように意識している生徒は、その過程を分析的過程に変えることになるかもしれない。

他方、発見的学習法の一般的諸規則——つまり、類推を使用すること、左右均衡にたよること、制約的条件を吟味すること、解決を視覚化することなど——をしばしば使用しているうちに、それらが直観的思考にすこしも役立たなくなるだろうと考えることは困難である。

やがては知的な推測のしかたを学習させるために、生徒に当て推量することを奨励すべきだろうか。当て推量が望ましくて、またそれが直観的思考の発達をかなりな程度に助長するような事態がいくらかありそうである。事実、注意深く育てる必要のある、ある種の当て推量といったものがあるかもしれない。ところが、学校の多くの学級では生徒が当て推量をすればひどく叱られ、どうしたものかそれが怠慢と結びつけられる。たしかに、生徒がただ当て推量だけするように教育したくはないだろう。というのは、当て推量はいつも必要なかぎりの多くの検証と確認をともなわなければならないからである。だが、この当て推量をあまりきびしく禁止すれば、あらゆる種類の思考を抑制し、それがときには必要な飛躍をさせずに、むしろたどたどしく歩かせるようなことになるだろう。生徒がその場で正しい解答ができないときには、おしのように黙っているよりも当て推量をするほうがよいのではないのだろうか。生徒が当て推量の妥当性を認めるような訓練を多少はうけなければならないということは明らかである。科学の場合にもまた生活の場面でも一般に、われわれは不完全な知識にもとづいて行為せざるをえないことがしばしばある。

つまり、われわれは当て推量せざるをえないのである。統計的決定理論では、不十分なデータにもとづいた行為は成算と失敗の両方を考慮にいれなければならないといっている。われわれは生徒に、当て推量したために高い代価を支払わねばならないのはどんなときかということと同様に、当て推量しないためにあまりに高い代価を支払わねばならないのはどんなときかということが分るように教えねばならない。後者より前者においてはるかにうまくやれるかたむきがある。生徒がただ訓練を重ねて当て推量をするだけでなく、他人が行うもっともだと思われる当て推量の特徴を認識するための実際の練習をもさせるべきだろうか。そのときには、その問に対してすくなくともある一つの答が重要な正確であること、あるいは、それに対する答は不可能でなく可能であると知ってのうえのことだが。一般にもし生徒が、真理と完全な沈黙との中間のどこかに選択できる道のあることを学ぶならば、自分が思考するうえにかなり有利であろうと、われわれは感じている。だが、一つはパーソナリティの特性、いま一つは教科の知識をもっていることからでてくる二種類の自信を区別することができなくてわれわれの頭を混乱させないようにしよう。第二の自信をつけることをしないで第一の自信をつけてやっても、それは特別、教育者の名誉にはならない。教育の目的は自信のある愚者をつくることではないのである。

それでも効果的な直観的思考は生徒の自信と勇気をのばすことによって助長されるものである。

直観的に思考するひとは正しい解答を得ることも多いだろうが、自分で照合するかまたは他のひとが彼のやりかたを照合してみたとき、自分が間違っていたということが証明されることもあるだろう。したがって、このような思考をするときには問題を解決する努力のなかで、素直な過ちを恐れないことが必要なのである。頼りないひと、自分自身に自信のないひとはすすんでそのような危険をおかそうとはしないだろう。

観察していて分ることは、事業界でみられることだが、決断を必要としている事態がそれまでになく新しく、または重要なものであればあるほど、分析的に思考する傾向もまた増すということである。生徒が誤りの結果をあまりに深刻なものと考えすぎ、また成功の結果をあまりに偶然なものと考えすぎるときには、分析的手続きが適切でないにもかかわらず、それにしがみつくことになるだろう。このような理由から、学校のなかでみられる賞と罰による現在の制度は実際は直観的思考の使用を阻止する傾向をもつのではないかと疑ってみてもいいのである。学校で成績点をつけるのは、典型的に、事実に関する知識の獲得を強調することになる。その第一の理由は、事実に関する知識の獲得ということはもっとも簡単に評価できるものであるからである。さらにまた、学校で成績点をつける場合、正しい解答だけに重点をおきがちである。なぜなら、「正しい」と評点されることのできるものは試験そのものにおける正しい解答であるからである。もし評点にこれまでとちがった基準を用いれば、直観的思考の発達がどうなるかを知るためのなんらかの研究を試みることが重要であるように思われる。

最後になったが、直観的思考がとくに効果的に行われそうな条件にはどのようなものがあるだろうか。あとで照合することになっている直観的手続きはどの教科を習得するときにもっとも役立つのだろうか。直観的手続きとその他の手続きをいくぶんか結合すれば、多種多様な問題がもっともよく解明されうるだろう。だから、同じ教授法で同じ課程を学習させるとき、その両方の手続きを使えるものかどうかを知ることもまた重要である。このことは、異なった分野のそれぞれにおける直観の効果的な操作の様式を吟味しなければならないということを示唆している。演繹と帰納という形式的な手だてがもっとも高度に発達している分野で――それは数学や物理学の分野のことだが――直観についてもっとも卒直に話しあわれている。数学者や物理学者が「直観」ということばを使うのは、かれらの学問のもつ力とそのきびしさに対する確信の反映かもしれない。だが、ほかの分野のひとたちも直観を同様またはそれ以上に使うかもしれない。ただ一つの例だけあげてみると、歴史学者はたしかに、自分の主題を追求してゆく場合、その主題に関係の深い適切なものを選択しなければならないので、直観的手続きにきわめて多く依存するのである。彼は歴史上のある時代についてすべてのことを学んだり記録したりしようとしないで、つなぎ合してみれば、ほかにどんなことがらがその時代に進行しつつあったかを、知性的に推量できるようになると予想される稔り多い諸事実をみつけたり学んだりするだけである。異なった知識の分野における直観的思考を相互に比較してみるのは非常に有益だろう。

詩人や文芸批評家が彼らの力量を実際に発揮するのに必要な直観への信頼――つまり、批評をつくる場合のイメージを選ぶための、特殊的であってしかもみんなに同意される基準なしに仕事をしなければならない必要――に関して、われわれはすでについでながら注意を喚起してきた。教師や教科書や教示用の映画をはっきりと趣向の大胆さの涵養ということにそなえて準備するのは難かしい。大胆な趣向というのは動いているもの、美しいもの、けばけばしたものに関する自分の直観に自信をもつことにかかっているのかもしれない。マスコミ媒体が趣向の画一性をもたされるような方向に非常な圧力がかけられ、特異なスタイルについての非常なおそれ、いやスタイルという観念のすべてについてある種の疑惑さえ存在している当代の文化のなかにあっては、文学や芸術の領域で自信のある直観を育てることがそれだけますます重要になってくるのである。ところが教育の文献ではこの題目に関する研究がまったく空白にちかい状態である。

科学者たちが、「直観的」というレッテルをはられた同僚にむしろあたたかい賞讃を惜しみなく与えていることこそ、直観が科学における貴重な財宝であり、われわれが生徒のなかに育成しようと努力しなければならないものであることのおもな証拠である。芸術や社会科における直観の場合にもまさに同じことが強くいえるのである。だが、そのような才能を育成するについての教育学上の問題は峻厳であり、実験室へもちこみたいという熱意のあまりにその問題を見過してしまってはならない。まず第一に、すでに注意したように、直観的方法は誤った解答をだすことが多い。直観の間違いを——それは面白いことに間違った飛躍のことなのだが——愚かな、または無知の間違いから区別するには敏感な教師が必要であり、また直観を働かしている生徒を認めてやり、また同時に訂正してやれる教師が必要である。教科を完全に自分のものとしているために、容易に教科書以上のことを教えられるようになることが、高等学校の教師に大いに求められている。事実、生徒のほうが教師よりも頭がよいだけでなくよく知っていて、生徒は自分では説明できないが、教師としてもそれについてゆくことも、それを自分でもう一度やってみることもまったくできないような、問題への直観的なとりくみの方法を生徒が発展させるようなことがときどきおこるかもしれないのである。そのような教師はその生徒に適切に報いてやったり訂正してやったりすることができない。そのために、まさにそのような才能のある生徒が報いられない努力で損をしているというようなことにたしかになりそうである。だから、直観的思考の発生を助長し、それを測定する方法をつくる計画とならんで、そのような技能を生徒がもつようにはげますうえでの教室内の諸問題や教師の能力の限界に関するある種の実際的な考慮が必要である。このような研究課題に対してもできるだけあらゆる支持を与えなければならない。

たとえこのような実際的困難があっても、心理学者や教師たちはその問題にとりくむ元気をなくしてはならない。われわれがこの章でとりあげたいろいろな問題に対する解答をいったん得ることができれば、その困難のいくらかを克服するために必要な手続きをいまよりもはるかにうまく勧奨できるだろう。

第五章　学習のための動機づけ

教育課程構成の技術の現状を改善するためになにをしなければならないかをきめるためには、学習のための動機づけの性格と、青少年の教育において達成しようと期待する諸目的を議論しないわけにはいかない。明らかなことに、このような大きな範囲にまたがることがらはここでは簡潔にしか考察することができない。だが、教育課程の編成に関連して、いくつかの問題をとくに綿密に吟味する必要があるように思われる。

教育課程を計画するにあたって、達成しようと希望する長期の目的とその目的に近づくいくつかの短期の段階とを分けて考えたほうがよい。実際的ことがらに関心の向いているひとびとは、長期の目的を論じるにしても、その目的を達成するための短期の方法を提案できるのでなければあまり役に立たないといいがちである。ところがより理想主義的な批評家は、短期の教育目標はどこをめざしているかわからないという理由で、その短期の目標を棄てがちである。われわれとしてはその中間の立場をとりたいと思っている。教育の目的を明らかにすることはためになるが、もっと控え目な目標を達成しようとする過程において、われわれが新しい窮極の目的を発見したり、再発見したりすることがしばしばあるということもまたたしかである。学校の教育課程を改善しようとする最近の努力のなかで、なにかこの種のことがおこっているように思われる。

過去十年にわたる努力は、物理学、数学またなにかそれ以外の教科の教育をよりよくしようというつつましい意図をもってはじめられたのである。たとえば、非常に有能な物理学者のグループをこの努力に結集させるもととなった力は、物理学者の知っている物理学と学校で教えている物理学の間にいかに大きなギャップができてきたかを彼らが感じたことである。そのギャップがとくに重大に感じられたのは、科学における革命的な進歩と国家の安全上の危機のためであろう。だが、教育課程改善の努力がひろまってきて、ほかの学問分野の学者や科学者もまたそれに参加してくるにしたがって、さらに幅の広い教育目的があらわれはじめることになった。今日、アメリカ教育で子どものもっている優秀性《エキセレンス》をほりおこすことに新たな重点がおかれているのは明らかである。優秀性をほりおこすということの意味には、ただなにを教えるべきかということだけにかぎらず、どのように教えたらよいか、またどのようにして生徒の興味を覚醒したらよいかということに関したいくつかのことが含まれているようである。

優秀性をほりおこすということが、才能に恵まれた生徒に限られてはならないのだという見解はすでにのべたところである。だが、すべての子どもたちになにかを与えるため、平均的な水準の能力をもつ生徒を目標として教育をしなければならないという考え方も同様に不適当な公式論である。優れた生徒をはげます一方では、あまり才能に恵まれていない生徒の自信と学習への意欲を破壊しない教材を工夫する試みが必要であると多くのひとが考えている。そのような課程を準備するのは困難であることを知らないわけではないが、もしわれわれが優秀性をほりおこし育てると同時に、われわれが教育しなければならない才能の多様性というものを重んずるのであれば、それこそがわれわれに開けたただ一つの道なのである。この目的に適した教育課程を準備したり教師を教育したり、利用できるすべての補助教具を使用することの重要性についてはすでに多くいわれてきている。これらのことは優秀性をほりおこす仕事を達成するための手段である。ところが動機づけにかかわりをもついま一つの重要な手段があるのである。

アーノルド・ベネット（訳註――イギリスの作家一八六七―一九三一）は、フランス人は婦人のために少女を犠牲にし、イギリス人は少女のために婦人を犠牲にするといっている。ではわれわれはどうしているのだろうか。アメリカの高等学校は「仲間」の文化を強調しているために、成熟した教育目的のいくつかを否定しているといわれてきた。そのような主張には議論の余地があるが、ジェイムス・コールマンやデイヴィッド・リースマンのような、アメリカ中等教育の社会的背景に関して論評しているひとたちが指摘しているように、それは現実にある問題なのである。

社交生活や〝社交の会〟の中心的役割を知ろうと思えば、十代の子ども仲間の好みにうったえた広告類を吟味してみるだけでよい。アメリカの高等学校の文化に関する諸研究はとくに、学問的な成績よりも社交上の人気が高く評価されていると指摘している。それでも、フランクリン・フォード教授を委員長とするハーバード大学教授委員会(Committee of the Harvard Faculty)が作成した一九六〇年の「入試政策に関する報告書」は、公立高等学校出身のハーバード大学生は、東部沿岸の大きな私立の大学予備学校出身の同程度の適性をもった学生よりも上位の成績をとっていることを指摘している。ハーバード大学に進学する生徒はその出身の高等学校でも傑出した生徒であるといってもいいのだろうが、それにしても、アメリカの高等学校でこれらの生徒がのちに顕著な業績をあげることができなくなるようにだめにしてはいないことを、そのことが指摘しているように思われる。

だが、事態はだれかがわれわれに信じこまそうとするほど暗くもなく、また反対にだれかが希望するほどまだよくないとしても、この国の学校で行なっている学習のための動機づけの方法は一体どうなっているのだろうか。学校での学習を継続し、それを深めるという点からみて、教育課程の単元、成績順位づけや進級、丸暗記の試験などを重視すればどのような結果になるのだろうか。

教室活動に対して子どもたちの関心を喚起するとき、もっとも適当な程度は無関心と粗野な興奮との中間のどこかにある。ではその程度とはどのようなものだろうか。競争させようとする試みが助長する熱狂的な活動は、反省、評価、概括を行うための息つく余地さえ残さないであろうが、他方、一人一人の生徒が受身でその順番を待つような過度の行儀正しさは、彼を退屈がらせ、結局は無関心にしてしまうことになるのである。ここに日々当面する重要な問題がある。興味の短期間の喚起は広義の興味の長期の確立と同じものではない。映画、視聴覚補助教具、その他それに類した装置は注意をひきつける短期の効果をもっているだろう。ところが長い目でみると、それらは幕があがって自分を覚醒してくれるのをまっている受身の人間をつくるかもしれない。われわれはそれを知らないでいるのである。おそらく子どもの注意をとらえる対象のよしあしは、その結果として、その子どもがもっとよく自己を統制して注意しうるような趣向をのばすかどうかという点で判定されるであろうが、そのことはまだ証明されていないのである。その問題はとくに、受動性と「観覧性」が危険な要素となっている娯楽本位のマスコミ文化の場合にあてはまる。観覧者の受動性とは反対の、注意の能動的自律性の最初の足場をうちたてることができるのは、学校で用いる注意喚起のテクニックであろう。

多分学童たちは学習に対するさまざまのまじりあった動機をいつももっているであろう。親や教師を喜ばせなければならないとか、同級生を相手にしなければならないとか、自分自身がやり通したという感じなどをもちたいという動機がある。それと同時に、興味が発展し世界が開ける。学業は成長してゆく子どもの活気ある生活の一部にすぎない。それはそれぞれの子どもたちにとって異なった意味をもっている。ある子どもにとって、それは親の是認へ通じている道であるが、ほかの子どもにとっては、同級生との社交生活を邪魔するものであり、「うまく通りぬける」最小限の努力でもって処理しなければならないものである。学校の文化は反知性的なものであるか、それともそれとまったく反対のものであるかもしれない。そしてこのこみいった状況のなかに、子どもが興味を感ずる学校の教科の微妙な魅力が存在している。その状況の細部をもらさず書くことはできないが、大部分は十分知られていることである。これまでのべた文脈の範囲内で、どうしたら思想の世界へむけて子どもの興味を喚起することになるのだろうか。

今後必要とされる研究を示唆するつもりで、この書物でいくらかの暫定的な勧告をしてきた。そのおもなものは、教えられる教材そのものに固有の興味をますこと、生徒に発見感を与えること、われわれがぜひいいたいことを子どもに適した思考形態に翻案することなどであった。このことがやがて、子どもがいま学習していることに対する興味をのばし、それとともに知的活動一般に関する適切な態度と価値観をもたせるようになる。たしかにわれわれは、いま考えつくような改革によってただちに熱心な知性人の国家を創造するようなことはないであろうし、このことがわが国の学校の主要な指導目的であるべきかどうかも明らかではない。それにしても、もしうまく教育がなされ、教えることがらが学習に値するものになるならば、過去においてそうであったより以上に、子どもを学習過程のなかにまきこませるように外からの刺戟を与えてくれる諸力が、現在の社会のなかでは活潑に働いているのである。

わが国の文化的風土は、伝統的に知的価値を高く評価するという特徴をもってきていない。われわれは国民としてつねに教育に対して大きな信頼を表明してきた。その理由として、貴族が存在しないこと、開拓者の社会に固有である実用的な要求などといった多くのものがあるが、これらのことはここではわれわれに関係のあることではない。教育はわれわれ自身の運命よりも、われわれの子どもたちの運命をよりよくする手段だと考えられてきている。すなわち、子どもたちはその親よりもよりよい教育の機会をもつべきだというのが、ほとんど誰もがもっている信念である。だが、われわれがこれだけ教育に敬意を払っているにもかかわらず、その内容に対してあまりにも注意をおこたってきた。「三つのR（読・書・算）」にばくぜんと言及するだけで十分と思ってきたのである。わが国では、なすこと(doing)が思考の効果のしるしであると考えられてきており、またおそらく他のどの主要な西欧の国よりも、理論と実践の間のギャップが大きく開いていると考えられてきている。われわれが思想家を理想化したことといえば、本当のことはわからないのだけれども頭の優れたひとだろうとみなしたアインシュタインの場合のように、彼の神秘な秘術をほめたたえるとか、または思考の結果としての仕事の実際の達成に酬いるといった形においてであった。トーマス・エジソンは科学者をエンジニアと考えるアメリカ的理解の好例である。作家、詩人、理論家、碩学はアメリカで大衆うけのする人物ではなかったし、偉人伝になるような刺戟を与えもしなかった。

今日、多くのアメリカ人が、ただ教育の実際的効能だけでなく、その内容と質——それがどのようなものであり、どのようなものであったらよいか——に意識的に注意するようになってきている。いくつかの要因がこの傾向に影響を与えている。一世紀以上まえの第一次産業革命よりもおそらく徹底的な第二次産業革命ともいうべき科学技術の新しい時代が進行中である。制御方式、オートメーション、新しい動力源、新しい宇宙の探険——これらのすべてが、わが国の学校の性格と、そこでわが国の青少年たちが学習しているものに対する活潑な関心をひきおこしたのである。国家の安全に対する危機感から生まれた心配が一度におしよせたこともまた原因であったことは疑えない。ソ連の宇宙征服や、ソ連がただ強力な武器を生産しうるだけでなく、効果的な工業社会をつくりあげる可能性のあることなどが原因となって、過去の十年前には考えられそうにもなかったほどに、アメリカの自己満足をゆるがせたのである。最後に、教育に次第に関心がましてくる原因の一部は、アメリカ人口のなかでカレッジ卒業生のしめる割合が現在非常に大きいという事実からきている。また幸運にもわが国は富裕でもある。今日カレッジを卒業する若いひとびとの割合は、四十年まえに高等学校を卒業した若いひとびとの割合よりも大きい。これらの要因のすべてが、生徒たちにも親たちにも同様に教育に対する関心を改めて感じさせる刺戟となったのである。

どのようにすればわが国の学校にもっとまじめな知的な格調を与えることができるかということに関して、また一方では体育や通俗性や社交生活と、他方では学問性をもちこむことのどちらに学校は重点をおくべきかに関して大いに議論されている。これまで明らかに不均衡であったものをもとにもどす努力が国中ですすめられている。学問性に対する讃美と関心は予想以上に急速に増大しそうである。ある高等学校で、運動選手に与えられて羨しがられている学校名の「頭文字《レター》」のしるしを、卓越した成績平均点をとった生徒にも与えている例のように、古いシンボルが新しいビンのなかにそそぎこまれつつあるという興味ある状景さえいくつか見られる。だが、時間的にはもっと後のことになるだろうが、さらに深刻になるであろうと思われるいま一つの問題があり、それに対処する計画はいま企てられるほうが効果的であるといえよう。

わが国の教育制度に対する要求が社会から起ってきて、近い将来には教育の制度にある種の変化がたしかに現れてきそうである。その第一は、科学や技術及びそれらを支える諸教科を教えることに対する要求が増大するだろうということである。新しい技術を行使する産業においては職業の機会も豊かになるだろう。地方分権のアメリカの学校制度はつねにアメリカ産業が提供する機会に対応してきたし、今後も再び対応するだろう。そのような技術の専門家の供給と需要とがいつ合致できるかということを、人口の統計や経済発展の数字上の計算の基礎のうえに立って語るのは非常に困難である。今のところ、われわれはとうていそのようなことはできない。今後二十年の間に、技師の訓練が増加していることと、戦後ことに多く生れた赤ん坊がいまカレッジ年齢に達しようとしているという二つの事実の結合の結果として、この要求の最初の部分、すなわち供給の方はかなえられるであろうということを示唆しているいくつかの推定がある。その後にどんなことが起るであろうかということは多くの要因によって異ってくるが、アメリカ産業が利用できる新しい科学技術を吸収する速度と徹底性はすくなからず重要な要因であろう。

国家の安全にかかわる危機からくるほとんど避けることのできない第二の結果は、州や地方水準の教育を維持するために連邦基金が活潑に支出されるだろうということである。現行の国家防衛教育法(National Defense Education Act)はほんのはじまりにすぎないのである。連邦援助ということから起ってきそうな結果は、ほとんど避けることのできないものなのだが、いま地方の学校制度のなかに存在している質のうえの不均衡が減少するだろうということである。教師の最低俸給水準は最高俸給水準より早く増額されることになりそうであり、また学校建築に関する現行の法律の結果、そしてまた提案中の法律が通れば、あらゆるところでいまよりよい学校施設が利用できるようになるだろう。

これらの傾向はともに――つまり、世界の強国としてアメリカが直面しなければならない競争上の危機に対処するために、一つは技術的進歩をますます強く推進することと、一つは連邦援助をますます強化すること――もしその変化をまえもってよく計画しておくのでなければ、アメリカの教育とアメリカの生活にとって将来疑わしい結末をもたらすことになりそうである。アメリカの学校の知的水準を改善しようとする現在の努力に没頭するあまり、それに成功するための準備をみのがしてしまうことのないようにしよう。いままで概観してきた諸条件のもとでの成功を危くするのは、「成績第一主義」(meritocracy)とよばれるものが助長されることである。一部には現在の状態の惰性から、また一部にはまえにのべた新しい事態の発展に刺戟されて、有能な生徒をさらに早くさきへ進ませたり、またもしも科学や技術の分野で早くから有望であることが分れば、彼を特別にさきへ進ませようとする強い傾向がでてくるであろう。注意深く計画さえすれば、そのような加速化は生徒のためにも国家のためにもよいはずである。だが、成績第一主義は一種の競争制度を意味しており、成績をもとにして生徒はさきのほうに進まされ、より多くの機会を与えられるのである。しかもその後の生活における地位はますます強くまた取消し難いほどに、まえの学校の成績によって決められてしまうのである。その後の教育の機会だけでなく、将来の職業の機会までも過去の学校の成績によってますます固定されるようになる。大器晩成の子ども、年少の反逆者、教育に無関心な家庭の子ども――これらの子どもたちのすべては、全面的な成績第一主義のなかにおいては、取消し不可能な思慮のない決定の犠牲者になることが多いのである。

成績第一主義は、教育がおこなわれる場の雰囲気にいくつかの望ましくない影響を与えそうであるが、まえもって計画しさえすれば、そのようなことをしないですむこともできよう。望ましくない結果の一つは、試験の成績を重視しすぎることであろう。C・P・スノー(訳註――イギリスの小説家・科学者一九〇五―)の一九五九年のリード記念講演にはケンブリッジ数学優等卒業試験(Tripos)についてつぎのように論評している個所がある。ひと休みするつもりでゆっくりそれをみてみよう。

「優等卒業試験の性格がまったく固まりきったまま、百年以上も続いていた。首席あらそいはますますはげしくなり、立身出世はそれにかかっていた。たいていのカレッジ、おそらく私自身が出たカレッジでもラングラー(ケンブリッジ数学の学位試験における第一級優等者)の首席や次席をかちとれば、ただちに特別研究員に選ばれた。あらゆる準備機関ができてきた。ハーディー、リットルウッド、ラッセル、エディントン、ジーンズ、ケインズのようなすぐれた人たちさえも、競争のはげしい、ひどくむずかしい試験のために、二、三年の準備をした。ケンブリッジのたいていの人びとはそれにひどく誇りをいだいていた。ちょうどイギリス人のほとんどが、いつの時代にもそのときの教育制度に――それがよかろうがわるかろうが――いだく誇りとまったくおなじたぐいの。……じっさい、ある一点をのぞいては数学優等卒業試験はあらゆる点で完全なものと思われた。だが人によっては、その一つの例外のほうがむしろ問題だった。ハーディー、リトルウッドのような若い創造的な数学者がたえずいっていたことだが、要するにそのような訓練はなんら知的な効果をもたらさないということだった。彼らはさらに、優等卒業試験は百年の永きにわたって、瀕死の状態のイギリスの数学の息の根をとめてしまったとさえいっている。(The Two Cultures and the Scientific Revolutions, Cambridge, 1959. pp. 19–20. 松井巻之助訳『二つの文化と科学革命』三一―三三頁)

たしかにアメリカでは、数学優等卒業試験のあの凄じさに近いようなことはなにも起りそうには思えないし、また高等学校や小学校の水準で起ることもなさそうである。だが、戯画的に極端なことを考えてみることが理解を早めるのに役立つものである。国家優等奨学資金(National Merit Scholarship)の獲得者にかぎって、ある一定の、ひどく望まれている仕事を確保してやるようなことをするならば、やがて遠からず、教えることと学習することがそのような奨学資金を重視することに傾くようになるであろうことはたしかである。さらにもし、主要な奨学資金や賞を自然科学や数学の成績優等者に与えることがふえてゆくならば、その他の分野の学問的努力の価値をひき下げることになることも予想されるが、このことこそわれわれが直面しているいま一つの危険なのである。そのような事情のもとにあっては、文学や歴史や芸術などはある特定のひとびとの特権となってしまうだろう。その特定のひとびとの場合、彼らが学校で得た価値観が文学や歴史や芸術の研究を支持しているのでなく、そのよい家柄から得た価値観がそうしているだけのことなのである。科学以外の教科でよい教師を求め、教職にひきいれることがますます困難になるであろう。これらの分野の学習の動機づけはさらに弱くなってゆくだろう。たしかにこれは誇張であるかもしれない。しかしこれらのことは、すべて将来起りうることであって、警戒を要することなのである。

わが国の教育の歴史における現在の時点で、やがてくるはずのそのような結果を防ぐための有効な対抗活動の形態を考えてみるのは不都合ではないだろう。われわれは、科学や技術の成果に対する報賞制度から除外されていると感じているために、科学における進歩を理解できずに、科学の進歩は伝統的文化の破壊を意味すると思っているような疎外された文化系の知識人の集団をつくりだすようなことはできない。ぎりぎりにいって、少なくとも科学や数学にいま費されているのに匹敵するだけの精力を、人文科学や社会科学の教育課程とその教授法の改善に費さなければならないということは明らかである。連邦および州の教育援助のための将来の立法条項は、以上のような問題に関係のある特別な項目を含めたほうがよいであろう。しかもそのような援助の性格と範囲を、適当な立法委員会が考慮するのは決して早すぎることはないのである。

科学に関する諸教科で成績の競争を強調するにしても、そのことは試験の問題の構成に豊かな想像力と弾力性を発揮するならば、役に立つ目的に転換されうることはもちろんである。試験はまた熟考力を育てることもできる。われわれが従来アメリカで知ってきた状態以上に、競争に重きをおいた学校制度にやがてなるのはほとんど確実であるから、特別なカウンセリングが必要になるだろう。それはただ、さきに向って急速に進んでいる生徒にとって必要なだけでなく、とくに、小さい頃から迅速に創造性を発揮することはないが、堅実な創造者になりうる生徒に必要なのである。そしてこのような生徒こそ、わが国の青少年人口の重要な部分をなしているのである。

だが、試験やカウンセリング改善のような救済手段は主要な解答にならない。もしも成績第一主義と競争主義からくる危険や、科学や技術を過度に強調することからくる危険、また人文系の学習の価値の低下などに対処しようとするのであれば、アメリカにおける強力な多元論を維持し、助長しなければならない。学校やカレッジに見られる劇場、芸術作品、音楽、人文教科などは十分に財政的に援助される必要があるだろう。

以上を要約すると、学習のための動機づけは、あらゆるひとを観覧者にしてしまう時代にあってなお受動的にしないようにしなければならないし、またできるだけ学習することそれ自体に対する興味の喚起にもとづくのでなければならない。そしてまたそれらの動機づけの表現は幅広く、多様でなければならない。成績第一主義と新しい形の競争主義の危険信号がすでに出されている。まえもって立てられた計画がどんな場合に役に立つかについてはすでに知ることができた。そのような計画とそれを支持する研究が最優先しなければならない。

第六章　教　具

教える過程で教具として使いうる装置に関して、最近さかんに議論されてきている。これらの装置には多くの種類がある。そのうちのいくつかは、生徒の日常の学校経験では利用できないような種類の教材を生徒に提示するように考案されている。そのような場合、普通使われている装置には、映画、テレビ、顕微鏡写真映画、スライド、録音機のようなものがある。書物もまたこの役割をする。これらは諸事象についての「直接的」であるが代用的な経験を生徒に与える道具である。そのような教具材料を「たんに豊かにするためのもの」として捨てさっては困る。なぜなら、そのように豊かにすることが教育のおもな目的の一つであることは明瞭だからである。これらのものを代用経験用装置と呼ぶとしよう。

第二の型の教具は現象の根底にある構造を生徒が把握するのに役立つ機能をもっている。——たとえば、遺伝学の術語を使えば、表現型(phenotype)の背後にある遺伝子型(genotype)を感知するときのように——。よく工夫された実験室での実験や実演は、そのような活動を助けるために昔からある補助手段である。生徒に教科の構造を把握させようとするわれわれの努力をよく見てみると、それと同じような機能をもった装置や練習材がほかにも多くあることが分る。数学の場合、諸観念を目に見えるものに具体化しようとする努力は実験室作業と同じ種類のものなのである。まえにのべたピアジェとインヘルダーの実演はいうにおよばず、スターンの積木、キズネールの棒、ディーンズの積木も同じ機能をもっている。動画であれ静画であれ、いくつかの種類の図表や象徴図もまた同様である。分子の模型や呼吸器系統の象徴模型のような模型類も同様の機能に役立つものである。いうまでもないことだが、巧妙に図解を加えている書物と同様に映画やテレビも、明晳性と具象性をつくりだそうとする努力に役立つことができる。

だが、生徒が観察する事物のもっている概念構造を感知するように指導するために使用することができ、また現にいま使用されている、もっと精巧な装置がほかにもある。それらを「プログラム系列」(sequential program)とよぶならば、その特徴をもっともよくとらえることができよう。どのような教材のなかにも、その他のやり方以上に、生徒を主要な観念に導いてゆけそうな教材と観念の提示の順序というようなものがある。イリノイ大学学校数学委員会(ＵＩＣＳＭ)、学校数学研究グループ(ＳＭＳＧ)、物理学研究委員会(ＰＳＳＣ)などによって考案された課程は、生徒を基礎的観念と構造の理解に導くようによく考えて工夫されている系列をそなえている優れた例である。

実験室の実習からはじまり、数学教育用の積木をへて、プログラム系列におよぶ全範囲の補助教具を便宜上、模型装置と呼ぼう。

これと密接に関連しているのが、いわゆる劇化装置である。その精神において主題に忠実な歴史小説、生息地における諸種の生物の闘争を劇化している実写映画、劇のなかの人物によって行われる実験の例証、ウィンストン・チャーチルのような人物の生活と仕事を描写した記録映画による政治的偉大さの展開――すべてこれらのものは、生徒をより密接に現象や観念に結びつけるように導く劇的な効果をもつことができる。疑いもなく、教授においてこの種の「教具」のもっともよい範例となりうるのは、教師自身が劇を創造できる人柄であることである。教師が求めることができ、また求めているこれ以外の劇化補助教具はたくさんあるが、教師たち自身が十分にしばしば、劇化補助教具の役割を果すように求められているかどうかは疑わしい。

最後に、過去十年の間に、補助教具として種々の自動装置、つまりティーチング・マシンが現われてきた。そのような装置には非常に多くの種類があるが、共通した若干の特徴をもっている。ティーチング・マシンは、周到にプログラムに組まれている問題または練習題の系列を、一時に一階程ずつ生徒に提示する。生徒は問題または練習題のなかに提示されているいくつかの可能な解答の一つを選んで反応する。すると機械は、その場で反応して生徒の反応が正しかったかいなかを指摘する。正しく反応すれば、機械はつぎの問題に進んでゆく。問題から問題へと困難度がまったく徐々に加わって進行するのが普通であって、生徒が過度の失敗で意気銷沈しないようにしてある。

そのような装置の力をかりてなにをどのように教えるかは、問題のプログラムを構成する場合の腕前と知慧にかかっている。もちろん、機械にプログラムを与える技術は教える技術の延長である。今日までのところ、プログラム作製の大部分は直観的であり、有名な教師にまかせられてきている。ティーチング・マシン用のテープを書いてきた教師の意見によれば、テープを書く作業は、問題を提示する順序やその順序のめざす目的——たとえば、子どもに教材を記憶させせようとするのが目的か、それとも徐々に困難な問題をやってゆく過程で教材を積みあげてゆくように使わせようとするのが目的か——を強く意識させる効果があるというのである。

多分技術的にいって、このような自動装置のもっとも興味のある特徴は、それらが教える負担のいくらかを教師の肩からとりのぞくことができるということと、またおそらくさらに重要なことは、生徒が学習しつつあるその最中に、機械が生徒にその場で訂正してやること、つまりフィードバックができるということだろう。そのような装置をどこまで使用できるかを検討するにはまだ時期が早すぎるが、提唱者と反対者の両方から非常に誇張した主張がなされているのはまことに不幸なことである。機械が教師に代ろうとしているのでないことは明らかである。じっさい、教える仕事のどちらかといえば手のかかる部分を自動装置にまかせることができれば、機械はかえってもっと数多くの、もっと優れた教師に対する需要をますことになるかもしれない。また、書物が学習を非人間化しないと同じように、機械が学習を非人間化するようなことになるとは思われない。ティーチング・マシン用のプログラムは書物と同じく人間らしいものである。というのは、ティーチング・マシン用のプログラムはユーモアを織りこむこともできれば、おそろしく退屈なものにもなりうるし、また面白い活動になることもできれば、ぎっしりつまった長たらしい訓練になることもできるからである。

そこで要するに、教師が生徒の経験の範囲を拡張したり、生徒が学習しつつある教材の根底にある構造を理解するよう助けたり、また生徒が学習しつつあるものの意味を劇化するのに役立つような装置が存在するということである。教師の肩から教授上の負担のいくらかをとりのぞくことのできる装置もまたいま作られている。これらの補助教具と装置を、一つの調和のある体系として使用するにはどうすればよいかということは、もちろん興味のある問題である。

ＰＳＳＣで使用している教授用映画に関する報告書は「統合」(integration)ということを、うまく説明している。

「ごく最近まで、たいていの教育映画は、他の方法では教室のなかで利用できそうにもなかった現象や経験を紹介しようとして本来考案された内容を豊富にするための映画であった。そのような映画は必然的になんでも全部そろった内容のものになっている。なぜそうなるかというと、製作者はその映画をみるひとがまえに学習したことや、これから学習してゆこうとしていることを知っていないからである。つまり、彼は生徒の近い過去の経験を再構成してゆくことも、生徒の近い将来のための基礎工事をすることもできないのである。過去二、三年の間に、テレビに大いに刺戟されて、これと異なった種類の映画が現れてきた。それらの映画はある課程の全体の内容をうつしており、また教師の手を借りるとしても最小限にとどめるように考案されている。これらの型のどちらにせよ、非常に役に立つ映画を製作できるのは明らかであり、じっさいそのような映画ができているのである。」

PSSCがつくった高等学校物理課程で使用している映画の製作に主要な役割を演じたステファン・ホワイトは、彼が書いたPSSCの映画製作に関する報告書のなかでさらにつぎのようにいっている。

「PSSCが製作する映画はどれでも二つの条件をみたすはずである。それは第一に、PSSCの課程を全体として提示するようにすすめてゆくこと、第二に、その課程の調子と水準に合わすということである。なぜなら、ＰＳＳＣ映画は教科書、実験室、教室、生徒、教師をもまた含んでいる複合体の一部だからである。」

ホワイトは映画をその目的に適合させるさいの若干の問題をのべている。

「映画はこの複合体に適合し、けっしてそれをくずしてはならない。この原則が製作者に重要な制約を加えていることは明らかである。ＰＳＳＣ映画にとってこれらのなかでもっとも重要な制約は、映画と実験室の間の関係である。生徒が実験室でしなければならないし、またすることのできる実験を、製作者が映画のなかに含めるのは危険でさえあろう。実験が映画の主題の論理的展開にとって欠くべからざるものであるとの理由で含まれることがときにあるだろうが、そのような場合には実験は簡潔にしかもそれとなく暗示的になされる。学校の実験室に適した実験を、もっと手のこんだ器具を使って映画でくりかえして行うのが望ましいと考えられる場合もしばしばある。そのような場合、映画は生徒が実験室作業をしてしまったのちに見せるべきだとはっきり指示して作られるのであって、教師に強く要望したいのはそのときまで映画を見せないでおくということである。」

その複合体のなかのその他の要素もまた考慮されなければならない。

「映画に対するその他の制約として、映画は教科書の論理的展開とその精神およびそこで用いられている語彙(それがある場合)に従うように要求されている。最後に、映画はつねに教師の立場を尊重しなければならない。すなわち、映画は教師が自分の学級の生徒たちからの尊敬をもちつづけるのに必要な諸活動の余地を自分に残しておかねばならない。以上いったことはすべて消極的なことだが、映画はまた複合体に対して積極的に寄与しなければならない。映画は学級の討論をもっともよく刺戟するだろうような教科の諸側面に生徒たちの注意をむけさせることで学級の生徒たちに奉仕するのである。このようなわけで、『仕事と機械のエネルギー』というPSSC映画は、仕事が加えられている釘のなかの温度の上昇に慎重に注意させ、そうすることによって、学級がつぎの段階で学習するはずの熱エネルギーについての討議に道を開くのである。また映画は、できるならどこでも、学校のそとで生徒が自分で行うことのできる作業を示唆することで、直接に個々の生徒に奉仕するのである。このようなわけで、多くのPSSC映画には簡単な器具を使って行える手のこんだ実験が含めてある。」

その筆者は統合的な教授用映画が遂行する第二の機能についてつぎのようにいっている。

「どの映画にしろ、みたすべき第二の条件は――水準と調子とを合わせるという条件なのだが――映画という媒体がなしうるもっとも重要な寄与であろう。映画は重要な質問や重要な問題に注意をむけさすことによって、どのような知識の分野であろうと、その分野を構成している大量の事実、概念、理論、応用などが、一貫した体系《パターン》に確実に組まれてゆくようにさせることができ、そのなかでは重要な面がつまらない面から明瞭に区別されてくるのである。印刷された言葉ではとうていこんなことはできない。ところが映画はときにはいとも容易にそれをやりとげるのである。これら二つの条件をみたすだけでなく、さらにＰＳＳＣは映画を使って学習過程に対してまたべつの重要な寄与をしようとしている。それぞれ一本の映画は研究に従事中のじっさいの一人の科学者を写し出すようになっているのだが、その科学者を肉体から遊離した知性人としてではなく、現実の問題を厳密に、また丁寧に取扱い、自分が従事している知的探究のなかから満足だけでなくときには興奮を感じとるような、正常で、活動的で、またときに誤りをおかす人間として写し出すのである。映画が科学者と科学的生活の性格を説明しようと試みるのは、このような暗示的なしかたによってである。……映画は厳密なまでに正直である。映写幕のうえに写し出される実験は注意深く行われ、正確に伝えられる。映画製作過程につきものの虚構を使いたいという誘惑にはガンとして抵抗し、望ましい効果を生もうとして虚構がたまに用いられる場合には、それが用いられた方法と理由を生徒にはっきりと説明するのである。」

高等学校の単一の物理課程を作るというＰＳＳＣの課題は特殊な課題であるから、その課程の特殊な問題は教育課程編成のあらゆる形態とは関係がないかもしれない。だが、どのようなものであれ、ある特定の装置――ぞうり虫の映画、グラフのスライド投写、フーバー・ダムのテレビ映写のいずれにしても――の目的についてはつねに一つの問題がある。すなわち、それらの装置そのものはその目的を思うままに指定できないということである。視聴覚補助教具やティーチング・マシンが万能薬だとしてそれに手ばなしに熱中するならば、達成しようとしているもっとも重要なものをみのがすことになる。ほかの教授の技術と無関係に、世界最良の教授用映画の数々をふんだんにふるまわれても、じっとして座席から動かない受動性を身につけるだけであろう。だが一方、教えかたを伝統的な、平凡な教科書だけにたよっている教室における復誦という変りばえのしない並の定食に限ってしまえば、せっかく生きいきした教科を生徒にはまったく面白くないものにしてしまうだろう。教育課程の目的とそれを達成するための調和のとれた手段とを指針としなければならないのである。

補助教具のことを議論しているのに、ここで教授における教師の役割を考察するというのは筋ちがいのように思われるかもしれない。だがそれにもかかわらず、げんに学校で行われている通りに、教師もまた教授の過程では主要な補助者になっているのである。では教授における教師の役割に関してどのようなことがいえるだろうか。

知識を伝達をしようとするとき、伝達しようと思うその知識を完全に自分のものにしているかどうかでその成否がおおかた決定されるということを知るのに手の込んだ研究をする必要はない。教師がほかの補助教具を使おうと使うまいと、それはきわめて明瞭なことである。いろいろな公的な団体の見解によれば、多くの初等、中等学校の教師はその教科を教えるのに、はじめから満足できるほど十分に訓練されていないことも最近の調査でまったく明らかになった。また一方では、教職において編成替えが現在非常に多いので、比較的よく訓練された教師でさえも、自分の教科を教えながらやるという特殊な方法でその教科を研究するだけの十分な機会に恵まれていないという事情もある。教えることは学ぶことの素晴らしい方法だというのに。著名なカレッジの物理教師に関した実にりっぱな話がある。彼はカレッジの上級学年の学生を量子理論に導入していくについてつぎのように報告している。

「私は一度一通りそれをやってみて顔をあげてみた、ところがクラスの皆の生徒の顔がぽかんとしていることが分った。彼らは明らかに理解していなかったのである。私は二度目にまた一通りやってみたが、彼らはそれでもそれを理解しなかった。そこで私は三度目をやってみた。そこではじめて、この私がそれを理解したのだった。」

教師の質を改善するためには、なんらかの処置を講じなければならないのだが、その手だてに関しては何回も提案されてきているので、ここで詳しくいう必要はない。新しい教師を補充するもっとよい方法やもっとよい選抜の可能性、教員養成機関におけるもっと充実した教育、経験のある教師による若い教師の現職教育、現職者の教育機関と夏季の教育機関、教師の再教育を継続的に行う閉塞回線テレビ、教師の俸給の改善――これらすべてのことが教師の質を改善する目標としてはっきりと追求されなければならない。だが、同様に重要なのは、教職の威信を高めるということである。威信がどれだけ高められるかは、われわれアメリカ人が教育改革にまじめである度合、また教師が使える施設や教師が受けとる俸給だけでなく、教師が地域社会やわれわれの大学からあてにできる支持をさらによくする諸努力がなされる度合にかかっているであろう。

知識の伝達者としての教師について一つ特別なことがらをのべなければならない。それは小学校教師の訓練と資格ということである。すでに何度もいってきたことだが、やがて小学校高学年と中等学校ではより形式的に教えられる論理的操作を、小学校の子どもには具体的また直観的に訓練するのである。このような教え方には特別な訓練が必要なのだが、もっとも効果的な訓練の形態がどのようなものであるかは明らかになっていない。このような仕事――すなわち、年少の生徒に対する実際の教え方についての研究と同時に、そのような教え方をどのように教師に訓練するか――をとくに重視しなければならないのは当然のことのように思われる。

教師はただ伝達者であるばかりでなく模範でもある。数学というものにある美しさ、力強さをなんら見ることのできないひとは、その数学の教科に伴う内発的興奮の感覚をもって他のひとの心に点火できそうにも思えない。自分自身の直観性を働かそうともせず、また働かすことのできない教師は、自分の生徒が直観を働かすようにはげますことに上手であるとは思えない。安全でないからといってあえて過ちをおかそうとしないようでは、教師は大胆さの頼もしい模範にはなれない。教師が不確実な仮説に危険をかけようとしないならば、どうして生徒がそれをしようとするだろうか。

知識を伝達し、有能さを身でしめす模範になるためには、教師は教えることと学ぶことにおいて自由でなければならない。そのような自由を獲得する方法についてこれまで十分に考えられることがなかった。とくにめだつのは、教育ある親を利用する方法を見落してきたことである。いろいろな学校で、教師を釘づけにしている半専門的な仕事に親を使う計画を実験して成功している。自習室で生徒を監督すること、きまりきった試験の採点をすること、実験室の教材を準備すること、その他学校で必要な多くのきまりきった仕事を親たちはたしかに手伝うことができる。その結果として、教師は教授と研究のために解放されるであろう。教師もまた学習しているということになれば、教えることに新しい質が加わることになるのである。

教師はまたそのままで教育の過程の生身の象徴であり、生徒が自分自身を同一化しまた比較する人物である。教師には熱心なひと、ある見解に身をささげたひと、教科に対する愛から熱心になっている厳格な薫陶者、冗談をよくいうが真面目な精神のもち主といったようなひとがあるが、そうしたある特定の教師から受けた衝撃を思いだせないひとがあるだろうか。多くの教師像があるが、それらは貴重なものである。だが残念なことに破壊的な教師像といったものもある。それは自信を弱めさせる教師、夢をこわす教師、恐怖の密室のような教師などである。

ホワイトヘッドはかつて、教育は偉大さに身をさらすことでなければならないといったことがある。われわれの多くはこの点においてこれまで恵まれてきた。だが、教職に偉大さをひきつける簡単なプランはない。優秀性を強調するのはいまでも緩慢にしかなされていないが、見込みのあることである。だが、テレビや映画は一方通行ということによって負わされている特殊な制約のなかで、あやかりたいと思う人物——つまり、偉大さの模範——の範囲を拡大しうるようなことがないのだろうか。それにしても、異なった年齢の、異なった環境の子どもたちがうまくあやかれる人物については比較的少ししか分っていない。オリンピック競技の模範選手だけが、子どもに有能感と偉大感をもたせるただ一つの、またはもっともよい模範なのだろうか。将来有望な高等学校の生徒を招待教師としてときどき教えさしてみると、かえってうまくやるのではないだろうか。彼らはまた教職にもっと才能あるひとをひきよせるかもしれないのである。

そこで、要約すると、伝達者、模範、あやかりたい人物としての教師の任務は、経験を拡大し、それを明瞭にし、そしてそれに人間的な意義を与える種々の装置を広く使用することによってささえられているのである。教師と教具の間に衝突のあるはずはない。教えることの目的と必要条件を考慮して教具が発達してゆくならば、そこに衝突は起らないだろう。手品仕掛のような映画やテレビの見せもの、番組に内容や品格を欠いているテレビ放送、くだらないことを鮮明に描いた絵文字——これらのものは教師にも生徒にも役に立たないだろう。教育課程の質という問題は十六ミリ映写機を購入することでごまかしうるものではない。国家防衛教育法は視聴覚教具の発達にかなりな額の金を用意している。現在手に入れうる金やその他の資源を賢明に使用するかどうかは、映画製作者や番組製作者の技術を、どれだけ上手に力量のある教師の技術と知慧とに統合できるかということにかかっているであろう。

解説

I

ジェローム・セイモア・ブルーナー(Jerome Seymour Bruner)の『教育の過程』(*The Process of Education*)の初版が出版されたのは一九六〇年である。この書物はつぎにのべるような特徴をもっている。すなわち、それは「まえがき」に説明されているように、一九五九年秋に全米科学アカデミーが召集し、ブルーナーが議長をつとめたウッヅ・ホール会議の報告書ともみらるべき一面をもっているが、単なる平板な議事録の整理に終ることなく、同じく会議の参加者であったG・ミラーと彼が共に所長をしているハーバード大学認知研究所(Harvard Cognitive Center)の研究成果に基礎をもったブルーナー独自の見解をかなり強くうち出しているのである。ウッヅ・ホール会議に参加した三十五人の学者は各学界での第一人者であり、それだけにそれぞれが各学界の特殊な要求を反映した強い主張のもち主であったはずである。それらの主張を一つのものにまとめあげるのが必ずしも会議の目的ではなかったが、会議後の往復書翰の交換や直接の会合を経て、ともかくこの書物にみられるような共通理解にたっしたということ、しかもそれが妥協の産物からくる個性喪失に陥ることなく、逆に卒直にして大胆な提案となって生々とした力をもち得たのは驚くべき事実である。簡にして要を得たまとめ方、また訳者の力では十分そのニュアンスを伝え得なかったのではないかとおそれる優れた文学的スタイルもさることながら、三十五人の英知を一つのものに結晶させたブルーナーの力量は高く評価されてよいであろう。ヘラルド・トリビューン紙が「デューイの作品にも匹敵する古典的作品」と評し、またサタディ・レヴュー紙が「生きた宝石」と讃えて、年度の優れた教育学書のベスト・スリーの一つにあげたのも当然であろう。後でのべるように、この書物が国の内外に与えた波紋はまことに大きく、しかも一時的な興奮でなく、かなり永続的な教育の再検討の資料となっているのである。

この書物のなかで、例えばページやインヘルダーのような参加者からの直接の引用の個所をのぞいて、参加者と著者ブルーナーとの意見を区別することは困難であるが、ここでそれを詮索する必要もあるまい。だが、報告者としてではなくむしろ著者としての自らの責任において、ブルーナーが自由に語っていると思われる個所も多い。この困難なまとめの仕事を見事に果した彼に敬意を表する意味においても、彼の経歴および彼が責任者として活躍しているハーバード認知研究所を舞台とした彼の研究を簡単に紹介することにしよう。

ブルーナーは一九一五年アメリカに生れた。一九三七年デューク大学で文学士、一九四一年ハーバード大学で心理学の博士号を得ている。最初は知覚と学習の心理から出発し、戦時中は宣伝、輿論、意見の分析に従事した。一九四五年ハーバード大学の講師になった。一九五一年にオッペンハイマー博士が所長をしていたプリンストン高等研究所の所員となり、科学における実験的研究方法を修得したが、このことが、一九五二年教授となってから、ハーバード大学のなかに認知に関する研究グループを組織してそれを指導し、認知の機能の実験的研究をすすめるのに役立った。その成果は一九五六年の『意見とパーソナリティ』(*Opinions and Personality*)という著書および共著『思考の研究』(*A Study of Thinking*)となって現れた。

当時、アメリカの心理学界において、人間の精神作用は単なる刺戟と反応との結合ではなく、その間に認知という人間の主体的働きが介在するという学説が起っていた。すでに十九世紀において、内省的心理学は認知という名称を使ってではないが、人間の意識を考察していたので、この新しい動きは一種の復古《リバイバル》といってよい。それは二十世紀における広義の行動主義心理学のゆきすぎに対する反省である。ブルーナーたちの研究は、その認知をその機能面から実験的に解明することであった。一見単純な知覚であれ、もっと高度な概念獲得であれ(ブルーナーによれば、これこそ思考、または問題解決である)、そこには複雑な認知の過程があることが分ってきた。

一方、パーソナリティの心理学的研究の発達から、自我《エゴ》の解明がすすみ、それがまた自我と共に作用する認知への関心を助長してきた。それと同時に認知に及ぼすパーソナリティや広く文化の要因の重要性も知られるようになってきたのである。したがって、認知への関心は一面復古的《リバイバル》であるが、反面、認知を機能的に、また文化的要因との関連においてとらえるというニュー・ルックな側面をもっているのである。これがブルーナーたちの知覚心理学の特徴である。

一九六〇年にハーバード大学に認知研究所が設立されるにいたったのは、以上にのべた彼を中心としたグループの実績が認められたからである。

一九五五年にブルーナーは、さらにケンブリッジ大学の研究員となっている。認知の研究をすすめるうちに、彼は子どもにおける認知の発達の過程、さらにそれと関連した教育の過程へとその関心をひろげてきている。ウッヅ・ホール会議に参加して、その議長となったのは恐らくこのためであろう。

彼はいろいろな資格で、国務省、国連、国防省などの政府機関の顧問や委員を歴任してきたが、現在ケネディ大統領の教育顧問団の一員である。そして、いまアメリカ教育の中心問題である科学教育振興のために重要な役割を演じており、全米科学財団の科学教育に関する委員であり、一九五九年には、全米科学アカデミーの科学教育の委員長、一九六〇年から教育テスト事業部の諮問委員となっている。一九六一年にはアフリカ教育調査団長となり、一九六二年、ロンドン大学とシカゴ大学で講義している。心理学界でもいろいろ役職についているが、中堅学者として一流の地位を占めている。

さて、アメリカにおいて、アメリカ型の人類学、心理学、社会学が人間の行動を科学的に研究するいわゆる行動科学として統合されて、ことにこの十年の間に新しい学問として成長してきている。ハーバード大学の認知研究所は、まえにのべたその独自の認知の心理学からその問題に迫ろうとするものである。そのことについては、ブルーナーの同僚のミラーが明らかにしている。(参照、ヴォイス・オブ・アメリカ編、佐々木徹郎訳『行動科学入門』誠信書房。そのなかのジョージ・ミラーの講演「思考・認知・学習」)

創立間もない認知研究所の今後の研究の主流を何にするかはいま摸索中である。また、ここでその全容を紹介する余裕もなければ、その必要もない。だが、『教育の過程』のなかでブルーナーがどの程度まで彼自身の見解と、研究所における彼を中心とした研究グループの研究成果を出しているかを理解することは意味があると思われるが、そのためには研究所における研究をこの書物と関連する範囲で知る必要があるだろう。一九六〇年度の認知研究所の年報によれば、ブルーナーは『教育の過程』に関連すると思われる二つのテーマを追求している。

その一つは、認知の学習理論である。これは従来の研究の継続であるとみられるが、ことに認知における言語や数字の記号《シンボル》に注目してきている。彼によれば、認知の過程とは、記号であらわされた情報《インフォーメイション》を獲得し、組織し、変形する過程である。記号には普通の意味の言語の記号と数字の記号の二種があり、この二つは新たな経験を開き、新たな能力を得るのに欠かせない道具である。知的作用としての学習はそのような認知の過程を踏むのである。ことにその過程において情報を変容する学習者の主体的な営みが重要な意味をもっている。外から与えられる賞罰ではなく、学習者が能動的に行うこの主体の営みの完遂に伴う喜びの感情が学習の動機となる。

情報を変容すること、つまり、新しい問題に対処して情報を操作し、その情報を越えてすすむことによってその問題に対処するのが学習の本質であって、それはいわば発見の方法であり、学習とは発見することだということになる。彼はいう。

「私は発見を人類が未知の何物かを探す行為に限定しないで、自分自身の頭を使って、自分で知識を獲得するすべての形態を含むものであると考える。直接いま問題になっているのは、過去、六、七年の間にアメリカで発展してきた種々の新しい教育課程計画の作業である」と。(**Bruner, J.S.**, "The Act of Discovery," *Harvard Educational Review*, Vol. 90 No. 1, Winter 1961)

認知の学習理論からさらに、児童における認知の発生論的研究・また児童の発見的学習を助長する教育の内容や方法の研究に進んでいる。ブルーナーは、教育の方法として、伝統的な教示的方法と対照する仮説的方法を提唱している。ここにいわれている仮説的方法とは、ある目的の達成のために子どもが仮説を立てて情報をいろいろと内的に操作することだが、それもただ漫然と無関係な仮説を経験的に並べたてるのではなく、仮説を累積的に構成し、そこに規則と相互の関連を発見しながら情報を操作してゆくようなしかたが必要であるということを認知の実験によって明らかにしようとしている。このような学習のしかたを学習の構造化ともいっている。

ここで注目したいのは、認知と言語記号との関係において認知研究所およびブルーナーが、ソヴエトの最近の心理学、ことにパブロフの第二信号系の理論またそれ以来の言語と思考に関するヴィゴツキー、イワノフ＝スモレンスキー、ルリヤ、レオンティエフなどの学説を積極的に研究して認知理論を深めようとしていることである。ブルーナーはソヴエトの心理学が初期のパブロフ理論を越えてゆこうとしているのに、アメリカではまだその初期のパブロフ理論の枠での学習理論が横行していると批判している。彼の『教育の過程』が一九六一年ソヴエトで翻訳されたのは、彼がソヴエト心理学に積極的な理解をもっていると考えられたからなのであろう。このことについては改めてあとでもう一度検討することにしよう。彼は認知の発生論的研究について、ピアジェの所属するジュネーブのルソー研究所から学んでいる。その研究所のインヘルダー教授が認知研究所に招聘され、ウッヅ・ホール会議でも彼女は重要な発言をしている。

発見の学習を助長する教授の方法だけでなく、それに適した教育内容の研究が、ブルーナーの認知研究所における第二のテーマである。学習の構造化のためには、教育の内容が構造をもった教育課程を準備しなければならない。『教育の過程』にも登場するオーストラリヤのアデロイド大学の数学者ディーンズを研究所に招聘し、ブルーナーは彼と共同して、新しい数学の教育課程を実験的に工夫している。直接の目的は、この教育課程によって年少の子どもがどれだけ数学の基本的概念(または基礎的構造)を修得できるかを調べることであるが、一方では、その研究によって、数学の記号と子どもにおける認知の過程との関連を追求する意図も含められている。『教育の過程』でも紹介されている学校数学研究グループ(SMSG)には、彼らの実験の成果が導入されている。またブルーナー、ディーンズ、その他のひとびとによる共著『数学学習計画』(*Mathematics Learning Project*)はいま出版準備中である。

以上に考察したことを念頭において『教育の過程』を読むと、そこにはハーバード認知研究所における研究を基礎にしたブルーナーの見解が相当に反映されていることに気づくであろう。ことに「構造の重要性」「学習のためのレディネス」「学習のための動機づけ」の章ではそれが顕著に示されている。

彼の主張は大胆にして卒直、そしてきわめて明解である。この書物のなかで、彼は子どもたちによる勇敢な飛躍、推量することの重要性を熱情をこめて語っているが、彼自身、ときに勇敢な飛躍を試みている。またよく考えられた仮説、連続的に構成される仮説が発見の学習に必要であるともいっているが、彼がこの書物で二、三の仮説を立てているのは自らによるその実践ともいうべきであろう。事実、彼はこの書物のなかで、発見の方法を形式として子どもに教えるよりも、教師自身がまず発見の努力を実践することが重要だといっているのである。この書物が読者に新鮮で強い印象を与えているのはこのためであろう。

とりわけ、「学習のためのレディネス」の章の冒頭にかかげられた「どの教科でも、知的性格をそのままにたもって、発達のどの段階のどの子どもにも効果的に教えることができる」(本文四十二頁)という仮説はこの書物の白眉である。この仮説はたちまち有名になり、「日本版への序文」にもあるように、大勢としては好意的に受けいれられている。またあとでのべるように、それはソヴエトでも考慮に値する問題として注目されている。この仮説は単なるその場での思いつきではなく、ディーンズと共同で研究している数学の教育課程の実験からきた確信から得られたものである。この仮説のもつ重要性を過小評価してはならない。アメリカにおいて、PSSCからはじまった教育課程の現代化の試みは、まず当面の問題として高等学校から着手された。そこには科学的才能の開発という緊急の至上目的があった。それを契機として、(1)たんに科学における才能だけでなく、あらゆる学問分野における才能を開発すること、(2)その才能は一部の英才児だけでなく、慎重に準備するならば、どの子どもからでも開発できること、(3)才能の開発は子どもが年少の頃からはじめられなければならないこと、という大きな視点から教育課程の全面的な再検討がすでに実施の段階にいたっている。この傾向を助長する理論的基礎となっているのがブルーナーの前述の仮説である。

もちろん、仔細にこの本を点検すれば、問題がないわけではない。たとえば、R・C・アンダーソンは、ブルーナーが学習の転移の論拠とした実験例には、猿から得られた実験結果を人間へ転用した部分があると批判している。またヘラルド・トリビューン紙はその書評で、ブルーナーが文学を取扱った部分は適切な例証となっていないといっている。私たちは、ここでそのような部分的な検討に深入りすることはしなくて、Ⅲで全体としてのこの書物の評価と、わが国でのうけとめ方を考察しようと思う。

Ⅱ

この書物をめぐるアメリカ教育界の動きを調べてみよう。まず第一にこの書物が生れるもととなったウッヅ・ホール会議にはどのような意義があったのであろうか。

アメリカの教育では、一九五〇年頃から一つの転換のきざしが見え始めていた。アメリカによる原子爆弾の独占の夢が破れ、ソヴエトの高い水準の科学技術およびこの水準に短期に達し得ることを可能にしたソヴエトの教育が注目され始めた。そこで、それに対応してアメリカでも大量に科学者、技術者を養成する必要がまず叫ばれることになった。それでもこの頃はアメリカ教育の全体としての体質を改善するという大きな動きはみられなかった。部分的には、たとえばマッカーシズムで知られる反共保守主義からの進歩主義《プログレッシヴィズム》教育批判、また新人文主義、永遠主義《ペレニアリズム》、カトリシズム、本質主義《エセンシャリズム》その他さまざまの、だが要するに伝統的教科の優位性を強調する教育思想の側からの進歩主義教育への挑戦はあった。進歩主義教育の牙城であった公教育の危機がようやく叫ばれるようになってきた。一九五七年のソヴエトのスプートニック発射の成功は、アメリカの社会、ことにその学校教育に対して深刻な打撃を与えた。当面緊急に必要とされる優秀な科学者や技術者の教育だけでなく、全体としてのアメリカ教育が知的生産性の教育に著しく非能率であること、その原因が少なからず進歩主義教育とそれにもとづいた学校教育の現在の体質にあることが公然と指摘されるようになってきたのである。

一九五六年に着手されたＰＳＳＣの教育課程改訂作業は、マサチューセッツ工科大学のザカリアスやフリードマン教授など一流の科学者と学校の教師との密接な共同によるものである。ＰＳ

SCがその雄大な計画に乗り出す前に提起した問題設定の態度は、現行の高等学校の物理の教育課程を、現代の最新の科学の成果に照して再検討し、その要求に適合するように再編成することであった。ただ問題を指摘するだけでなく、学者自らが編成の作業に従事してきたことがとくに注目される。

アメリカにおいて、ことに今世紀になってからの教育学の発展につれて、学校教育は教育学者によって独占されるようになってきていた。そのプラグマティクな教育学の性格から、教育学者と現場教育とのつながりは極めて密接になり、またそれこそアメリカ教育の特徴であったのだが、教育学以外の一般の学界からの発言は次第に弱まることになってきた。第一次の世界大戦後におこった経済恐慌に対処してアメリカの資本主義体制を立て直すということ、また第二次世界大戦がアメリカン・デモクラシーを擁護するというスローガンで戦われたことなどが教育に反映して、社会性を第一に強調する進歩主義教育理論が教育学者を完全にとりこにしてしまった。社会性の教育を中核とする教育課程の再編成がつい最近まで熱心に提唱されていたのである。教科のもつ学問性は全面的に否定されたわけではないが、それは教育課程の周辺部におしやられることになったのである。いまやこのことが転換されようとしている。先立つものは知的生産性である。そのために社会性と学問性とはその優位の地位を逆転するのでなければならないというのである。

ＰＳＳＣは、これまで教育界に発言を封じられていた各界の学者が直接に学校教育の内容、つまり教育課程に関与してくる端緒となった。最近の科学との間に半世紀のズレをもっている高等学校の物理教科書を全面的に改訂し、その教授の方法も根底から再吟味しなければならないというＰＳＳＣの発想とその実地の作業は、教育学界のこれまでの常識にとらわれない奔放さと大胆さを示している。それが作製した新しい物理教科書は果して教育界に新鮮な気風をもちこむことになった。いわゆるニュー・ルック物理である。（この教科書は上下二巻として岩波書店から翻訳刊行され、これまた日本で大いに注目されている。）

教育課程の改訂に物理学が投じた波紋はアメリカではさらに横にひろがって、他の自然科学の分野や数学の分野に及んでいることは『教育の過程』のなかでも指摘されている。これらの個々別々の教科の改訂作業を一度共同で集約し、一般的に評価し、その後の作業にたいしてたしかな共通の視点を与えるとともに、それらの作業に教授＝学習理論にもとづく基礎づけをする必要がおこっていた。このためにウッヅ・ホール会議には、各学界における教育課程改訂作業の責任の地位にある学者とブルーナーやミラーなどの心理学者が集められた。この両者の合同だけでもアメリカ教育史上希有のことといわれている。しかし、教育課程という教育学プロパーの研究分野に、一流の教育学者が参加していないのは奇異の感をひとにもたせるかもしれない。だが、それだけに全然彼らに気兼ねすることなく各学界のひとびとが思い切った発言もできたのであろう。

『教育の過程』は、これまでの教育学書にしばしばみられる動脈硬化と無駄な長談義の弊を完全にうち破っている。もっとも教育学者のW・W・ブリックマンなどは、この書物にはとりたてて新しい教育の原理はないといっている。なるほど、新しいと称する教育の原理は、それが優れたものであればあるほど、よく検討してみれば、形や言葉こそちがえ、長い人類の教育の歴史のどこかに現れたものであることが多い。ブルーナー自身謙虚にそれを認めているのである。だが、少なくとも過去の数十年の教育学に馴れたひとの眼には、この書物が新鮮なものとして映じることだけはまちがいないであろう。

Ⅲ

つぎに、この書物が刊行されてから後の、この書物が投じた波紋を主にしてアメリカ教育の事情をみてみよう。

ウッヅ・ホール会議や『教育の過程』のあるなしにかかわらず、各教科における教育課程改訂の傾向は決定的であった。だが、ウッヅ・ホール会議や『教育の過程』が、それまでの種々の教科における改訂の動きを集約しただけでなく、さらに他の教科を刺戟して、一種の教育課程改訂のブームを起していると観察できるのである。すでにウッヅ・ホール会議に二人の歴史学者が参加しているという事実は、改訂がやがて文科系の教科に及ぶ前兆ともみられる。いやすでにアメリカでは、『教育の過程』に代表される教育課程の現代化とは異なった意味においてであるが、それ以前から現代外国語教育の重視とその能率化は問題となっていた。一九五八年の国家防衛教育法に、数学や自然科学とならんで現代外国語教育が強調されているのはそのためである。このように数学や自然科学の教育課程の提起した現代化の観点が改めて現代外国語教育にも導入され、また文学や言語、さらに社会諸科学にも拡大されてきている。それらの動きには、大学を中心としたもの、また各種の教育研究の団体によるもの、最近では、連邦教育局が熱をいれているものなどがある。

全米教育協会（ＮＥＡ）が調査したものから、そのうちのめぼしいものを拾ってみよう。（参照、Fraser, D. M., *Current Curriculum Studies in Academic Subjects*, 1962）

自然科学部門

〃物理学研究委員会〃（The Physical Science Study Committee 略称 ＰＳＳＣ）

〃生物科学教育課程研究会〃（The Biological Sciences Curriculum Study 略称 ＢＳＣＳ）

〃化学的結合法研究会〃（The Chemical Bond Approach Project 略称 ＣＢＡ）

〃化学教育教材研究会〃(The Chemical Education Materials Study 略称ＣＨＥＭ)

〃全米理科教員連盟〃(National Science Teachers Association)

〃全米中等学校長連盟〃(National Association of Secondary School Principals 略称ＮＡＳＳＰ)

その他、コロンビア大学教育学部の〃科学における人的能力研究会〃〃カリフォルニア大学小学校科学研究会〃〃イリノイ大学小学校科学研究会〃など

数学部門

〃イリノイ大学学校数学委員会〃(University of Illinois Committee on School Mathematics 略称ＵＩＣＳＭ)

〃学校数学研究グループ〃(The School Mathematics Study Group 略称ＳＭＳＧ)

〃メアリランド大学数学研究会〃(University of Maryland Mathematics Project 略称ＵＭＭＰ)

その他、前述の〃ＮＡＳＳＰ〃、ほかに〃イリノイ大学算数研究会〃〃ボストン大学数学研究所〃、スタンフォード大学の〃数学研究会〃、大学入試委員会(College Entrance Examination Board)の〃数学委員会〃〃全米数学教員協議会〃(National Council of Teachers of Mathematics)

など

英語部門

〝全米英語教員協議会〟(National Council of Teachers of English)

その他、前述の〝ＮＡＳＳＰ〟および大学入試委員会の〝英語委員会〟

現代外国語部門

〝現代外国語連盟〟(Modern Language Association 略称ＭＬＡ)その連盟の外国語プログラム(Foreign Language Program 略称ＦＬプログラム)、また小学校における外国語プログラム(略称ＦＬＥＳプログラム)、ＭＬＡテスト・プログラム

その他、〝ＮＡＳＳＰ〟、国家教育防衛法にもとづく諸計画など

社会科部門

〝全米社会科協議会〟(National Council for the Social Studies)と〝アメリカ諸学会協議会〟(American Council of Learned Societies)の共同企画(略称ＮＣＳＳ＝ＡＣＬＳ)

〝世界事情教育改善計画研究会〟(Program for Improving the Teaching of World Affairs 略称ＩＴＷＡ)

〝高校地理研究会〟(High School Geography Project 略称ＨＳＧＰ)

その他、〝NASSP〟や経済の教育に従事している二、三の団体

これらの教科における改訂の作業には、ウッヅ・ホール会議前からすでに着手されていたもの、またそれとの意識的関連なしにその後に開始されたものもある。いずれにしても、様々の角度から教育課程の改訂という問題に迫っているのであるから、そこには相互に統一された理論は必ずしもみられなかった。すでにのべたように、『教育の過程』は、それらの個々の動きを共通の線に統一するのにかなり大きな役割を演じているように思われる。各教科の側でむしろ主体的に『教育の過程』を意識しだしているという意味においてであるが。さきにのべた各教科における改訂作業を調査し報告したＮＥＡの報告書の著者フレーザは、その全体を展望して「学校において、教科を教科として教え、かなり数多くの教科を低学年で教えはじめ、さらに個々の教科で構造を強調している」といっている。事実、フレーザは『教育の過程』から前述の有名な仮説「どの教科でも、知的性格をそのままにたもって、……」をそのまま引用し、それに同調している。またユネスコへのアメリカの公式の報告も、この改訂作業、ことに概念や創造性の教育を重視する傾向を注目すべきこの国の教育の最近の特徴として認めている。（参照、UNESCO, "International Yearbook of Education, 1960"）

まさに『教育の過程』こそ、構造、概念、創造性、知的早教育を大胆、かつ卒直に提起してい

るのである。ブルーナーのこの書物が、その後の教育課程作業において使用される教育上の諸概念の枠組を与えていることは極めて明らかである。だが、このような意味でのこの書物の意義もさることながら、多くの書評も指摘しているように、この書物が出てくる背景となったウッヅ・ホール会議の性格にも注目しなければならない。各学界と心理学界との合同会議それ自体希有のことであったが、教育の質を高めるために諸学界の権威ががっちりとチームワークを組んだこと、そのために、これまで散発的に出ていた学界の教育界への要望はともすれば無視されがちであったが、今度は大きく世論にアピールする力の強さを示したのである。過去において、学界と教育界は教育内容について泥沼の論争に従事し、必ずしも生産的ではなかった。だが、いまやアメリカの教育は何か変らねばならないという深刻な転換の時期にいたっていた。教育学者としては論争の種になる教育内容をむしろさけて、その他の面からの改革案をつぎつぎに出してきた。ティーチング・マシンやプログラム学習にみる個別学習、能力別学級編成、才能児のための教材の強化や豊富化の学習プログラム、学年とびこえ制度などである。他方では、学校制度をヨーロッパ型の複線型にすること、ソヴエト式の英才児のための集中教育計画を制度として確立すること、教育委員会における教師の専門性を強調することなどの提案も学校人や素人の間にさかんに論議されてきた。

そのなかでももっとも有名になったのはコナント報告である。（参照、Conant, J. B., *The American High School Today*, 1959）ここではその紹介を詳しくする余裕はない。コナントの提案は、実現可能性のある価値ある改革案であって、報告書が出されてから、教育委員会で採用しだしたものが多い。だが、コナントは意識して教育内容の改善や改訂には全然手をつけようとしなかったことだけをここで指摘するにとどめよう。

もともと、教育学者は個々の教科の内容の問題についてはどちらかといえば無力であったが、けだしそれは当然のことであろう。しかも、彼らは進歩主義の牙城にたてこもり、社会性の教育を前面にたて、したがって教科の学問性は後退した。コナント自身は、有数の科学者である反面には、アメリカの公教育とその支持者である進歩主義教育の学者や教育者の味方であり、そのために、一般の学界と教育界のしばしば相反する要求の仲介者の役割を果してきた。その報告で彼が論争点となる教育内容に手をふれなかったのは、その両者の矛盾がきわめて大きいことを知っていたからであろう。

だが、この両者のバランスは崩れはじめた。そしていまや学界の要求は無視できない力をもってきた。

一九五五年の進歩主義教育連盟の解散、一九五七年のその機関紙の廃刊、一九五九年のコナント報告、一九六〇年の『教育の過程』、そしてやがてのべる一九六一年頃からのＮＥＡの政策転換。いまや教育界は大きくその動きを変えようとしている。

いわば守勢に立たされた教育界としては、この外部からの刺激をむしろ積極的にうけとめ、自らを更生する契機として転用する段階に立ちいたったのである。

最近のＮＥＡは〝教授に関するプロジェクト〟(Project on Instruction)と称する一連の研究物を出している。さきにのべたフレーザの報告書もその一つである。それらを調べてみると、ＮＥＡが一九一八年に出した有名な〝中等教育に関する七つの綱領〟以来のその運動方針を転換し、これまでの教育学者の独走を一時停止して、これまでその発言を封じるか無視してきた各学界の意見を卒直に聴取し、自らの過去を冷静に反省する資料とし、進んで将来への建設的歩みを踏みだそうとする意欲がひしひしと感じられる。ＮＥＡが一九六一年六月に召集した「諸学《ディシプリン》セミナー」は、ウッヅ・ホール会議をモデルにしているようである。このセミナーの報告は〝The Scholars Look at the Schools, 1962〟として公表されている。

このセミナーには、ウッヅ・ホール会議の参加者構成と異なって、社会・人文・自然の諸学界の学者がほぼ平均して集められている。それにもまして注目されるのは、著名な教育学者が多数参加したことである。行動科学の大家でもある教育課程論のＲ・Ｗ・タイラー、同じく教育課程論のO・スミスやF・ストレイトメイヤーなどその例である。さらにまた、連邦教育局や各種教育研究団体からも参加者・オブザーバーとして大挙出席している。

このセミナーの冒頭における問題状況の規定で注目されるのは、このセミナーが「諸学セミナー」と呼ばれていることから連想される誤解を解くことであった。学問性を強調しようとする新しい教育課程の運動は、たしかに一応は児童性や環境性(児童の要求と社会の要求)と図式的には対立するものであるが、具体的な教育の場においては、むしろ重点のおきかたにかかわるものであって、決して児童性や環境性を否定するものではない。かえって性急な学問性の追求は危険であるという保証をとりつけるのには、教育学者の参加があずかって貢献しているとみなければならない。むしろ、現状の教育に問題があるとすれば、それは児童性、環境性、さらに学問性のいずれであっても、それをその永続的形態でなく、一時的、周辺的にとらえていることであるという問題設定は、このセミナーの報告書のあとで個々の教科を具体的に吟味するさいにもよく示されている。

したがって、学問性を強調し、教科の優位性を回復するといっても、往々に誤解されることだが、ただ教科内容を学習さるべき既成の教材の一団として系統的に教えるのでもなければ、むしろん、断片的に、重点なしに教えるのでもない。提唱されている内容は質的に高い教育課程であり、基本的原理や概念を中心に精選されたものであって、そこから学習者の探究と発見を触発するよう工夫されたものである。

これらの最近の動きがアメリカ教育史において、果してエポックを劃するような重要性をもつかどうかの評価は現在の時点では困難である。だが、アメリカ教育は大きな転換期を迎えているのは事実であり、その時期のモニュメントとして『教育の過程』が浮びあがっているといっても過言ではあるまい。

アメリカにおいて、ケネディの最近の努力にもかかわらず、まだ教育の中央集権体制は当分の間実現しそうもない。教育内容について、権威としての中央からの文教政策もないといってよいであろう。ブルーナーの『教育の過程』は決して公認のものではない。だからこの書物に対する批判もいろいろあり、また当然あって然るべきものである。しかしながら、大勢としては、『教育の過程』は著者も「日本版への序文」にいう通り、アメリカの教育界に好意的に受けいれられ、もっとも影響力のあるNEAが、ほぼブルーナーの線に沿って動き出し、しかも連邦教育局などの中央機関がこれを支持しているような気配がある。最後に一言付言すれば、この書物は、ソヴエトだけでなく、アラビア語、ギリシャ語、イタリヤ語にも翻訳されるという。アメリカの教育学書としてはあまり例のないことであろう。

IV

最後に、われわれがこの書物を日本訳して出す意味を、この書物とわが国の教育の状況——戦後はアメリカ教育の決定的な影響をうけ、最近ではソヴエトの教育思想や唯物弁証法の立場の心理学などの影響を多く底流としてうけつつある——との関係において明らかにしておきたい。

われわれはこの『教育の過程』の書名を『教育の現代化』にしようかと考えた。しかし原著者からの返事では、原書名をそのままにして、出版者の方でもしも必要と考えるならば、表紙に副題として「現代化」の文字を用いることに異論はないということであったので、そのままの題名にした。

わが国での教育の現代化という概念は、それほど明確に熟したことばではない。だが、とみにこのことばが使用されるようになってからでも二、三年の経過がみられる。サンフランシスコ講和条約の成立以後の日本の文教政策が戦後のいわゆる新教育に手直しを加え、学習指導要領を事実上国定化し、教科書の検定を強化しはじめたために、問題を教育課程に限ってみても、絶えずそこには政治的論議が伴った。文教政策の政治性に皮相にふりまわされるのではなく、未来に生きる子どもたちへの責任上、教育の内容を質的に高め、正しく歴史を見通した上での社会進歩に教育の歩調をそろえようとするねがいが教育の現代化ということばにはこめられている。

また、わが国には高度経済成長政策が強行され、所得倍増をスローガンにかかげた一定の安定ムードが形成されている。そのことと併行して、実際に企業のなかには高級科学技術者の不足と低技能労働者の排除が進んでいる。アジア文相会議、全国学力一斉調査、いわゆる教育白書として知られる「日本の成長と教育」の発表、池田首相の人づくり論などこの数年をふりかえってみるだけでも文教政策はかなり活潑に展開されているが、その中心的スローガンとなっているのは道徳教育の徹底といま当面われわれが問題としている科学技術教育の振興である。

科学技術教育が脚光を浴びてきた背景には世界中に起りつつある技術革新、第二次産業革命、オートメーション化などと呼ばれる現象と、その現象に刺戟されて起ってくる新しい労働力の再生産の要求が横たわっていることはもちろんである。この動かし難い客観的動きのなかには、正しく受けとめるならば、全面的な人間の発達という教育の至上の命題に答える積極的要素のあることを卒直に認めたい。しかし激化する世界市場獲得の競争の嵐の中にまきこまれたわが国の資本の側からの教育への要求はかなり一方的であり近視眼的である。これを教育の現代化と呼んではいない。むしろわが国の場合には、この恣意的な、エゴイスティクな資本の要求に対決し、その側からする教育内容の統制に反対し、やがてのべる新しい観点から教科理論を打ちたてようとして、とくに民間教育団体が統一的に教科の再編成にとり組みはじめているが、この運動のなかに教育の現代化と呼んでいいものを見いだすことができるのである。

さて、このような教育の現代化への課題は資本主義社会にだけ起っているのではなく社会主義社会でも緊急の課題として意識されてきているのである。たとえば、ソヴエトの教育科学アカデミヤ総裁カイーロフは「ソヴエト教育学は今何をめざしているか」という報告のなかで、

「科学知識の現代的水準にもとづく教育内容の改訂は、科学そのものの最新の構造的変化に応ずる教科の新しい構造を要求している。このことは、学校のプログラムから古くさくなった教材をきっぱりととり除くことへみちびく」という問題を提起し、しかし、ソヴエトの現在のこの改訂が必ずしも成功しているとはいえないと繰返し、そのあとで、

「中等教育の新しい内容を立案するにあたっては、物理と化学の課程の伝統的な部門を改訂し、プログラムのなかに、現代の科学思想や原理を入れるようにしなければならないだろう。と同時に、物理学と化学の個々の分野(たとえば、固体や原子核にかんする学説、素粒子論、原子と分子の電子構造、重合体物質、地球化学など)の発達のみとおしを考えにいれて、これらの教科の他の部門の比重を変えることが要求されている。このことは、これらの科学の発達の現代的水準を反映した物理と化学の課程の新しい構造が研究されねばならないことを意味している。」(参照、

（『ソヴェト教育科学』第八号、一九六三年四月号、明治図書）

ここに新しい観点からの教科理論、つまり教育の現代化の姿勢がみられる。資本の教育要求からすれば、未来の必要な労働力に投資するわけであるから、その労働力の再生産はコストが低廉でかつ能率的でなければならない。したがって、競争＝選択のシステムを強化して一部の英才を早く見つけだし、これに集中的に投資することが必要である。教育内容を現代科学の到達点から全般的に再吟味するという息の長い、大規模な、したがって金のかかる作業への情熱もなく、非英才児とレッテルをはられた、数ではるかに英才児を越える子どもへの愛情もない。しかし、オートメーション化された将来の社会で、すべての人間が人間の品位にふさわしい生産技術に従事できるような体制が保証されるようになるならば、おそらくすべての人間が、現代科学の最高の水準のものを所有していなければならなくなる。そのためには全学校体系の教育内容が一貫した原理のもとに再検討され、低学年の子どもたちも、現代的水準を反映した科学を学ぶことが要求されるのである。教育の現代化という概念には、この要求に答えるという課題も含まれているのである。

カイーロフはさらにつづけて、知識の習得と年齢の段階との関係を問題にして、

「教育科学アカデミヤ教育史・教育理論研究所のエリ・ヴェ・ザンコフによって指導されてい

る、教育と発達の問題に関する実験室では、小学校の教授は、もっと高い水準とずっと早いテンポでおこなうことができるということを証明する実験がおこなわれる」ということや、その他の例を示しながら、小学校、中学校に現代的水準の科学や数学の教授が可能であるし、そのための教育課程の改訂が急がれねばならないことを提案している。この提案のなかでカイーロフは、ブルーナーのこの『教育の過程』(前にものべたように、一九六一年にモスクワ教育科学アカデミヤで翻訳刊行されている)にふれてつぎのようにのべている。

「もちろん、つぎのような定式化を提出したアメリカの教育学者と心理学者に同意することはできない。すなわち『任意の発達段階にある任意の子どもに任意の教科を十分価値ある形で、うまく教授することができる』というのである。しかしこの問題は注目にあたいする。」(ここで『』の部分はわれわれがまえに説明したブルーナーの有名な仮説である。)

カイーロフは、任意の子どもにの任意にという点に反対しているのである。ブルーナーのこの定式は、『教育の過程』の具体例からわかるように、小学校の四年生に集合論を理解させることなどの可能性を仮説的に表現したのである。したがってカイーロフはこの本に対して注目に値するという評価を下したのであろう。

さて、わが国でいま進行中の教育の現代化への取組みのなかでとくに注目に値するのは、数学教育協議会の水道方式である。この方式に従えば、幼稚園の園児にも算数は相当程度に習得させることができるというのである。水道方式は遠山啓氏の算数教育における生活単元方式の批判(参照、遠山啓『新しい数学教室』新評論社)から出発している。それは経験主義教育の批判であった。経験主義批判はもちろん経験の重要性を否定するものではない。しかし経験主義は科学の体系的学習の意義を見失う傾向があるという批判から出発するのでなければ、子どもの認識能力の発展を保証する教科の系統学習の必要性は認識できない。そこでわが国では教育の現代化という概念のなかにとくに教科の系統的な学習の必要性を重視するのだという意味をもこめてこのことばを使っている。

ところでわが国では、新教育‖アメリカ教育という一般的理解が相当に拡がっていたし、新教育に影響を与えたのは、理論的にはデューイの経験主義教育理論、実践の面ではとくに進歩主義教育の系譜のものが多かったのである。ところがアメリカ自身の胎内から経験主義と進歩主義教育に対する批判が起ってきたのである。このことはまえに詳しくのべたことだが、ブルーナーはその代弁者の一人なのである。

「デューイのこの著作(『私の教育信条』のこと)は、実は、一八九〇年代の索莫たる固陋な学校教育のやり方、とくにそれが子どもの本性に何らの考慮を払わなかったという点を念頭において、書かれたものである。かれが直接経験や社会的活動の重要性を強調したのも、そのうらには、学習と児童の経験を結びつけることのできなかった、当時の教育の空しい形式主義に対し、痛切な批判がひめられていたのである。弊を改めようと呼びかける点でデューイの功績は偉大なものがあった。しかし徳も過ぎれば悪となるのたとえもある。現在われわれはこのような行き過ぎを背景として、教育の問題を考え直そうとしているのだ。」(参照、J・ブルーナー、橋爪貞雄訳「デューイの後に来るもの」『アメリカーナ』一九六二年二月号)

J・S・ブルーナーはさらに、

「学校は精神生活に入る門である。たしかに、学校は生活そのものであって、生活への準備ではない。しかし学校はやはり特殊な生活形態である。人間の可塑的な時期というものは、ホモ・サピエンスと呼ばれる人間の成長発達を特徴づけるものであり、人類と他の動物とを区別する所以でもあるが、この時期をもっとも有効に活用すべく周到に計画された生活――それが学校なのである。したがって、学校はただ外部の広い社会との連続性、あるいは日常経験との連続性を準備するだけでもって足れりとしてはならない。学校というところは、人間が知性を駆使して新たなものを発見したり、想像だにしなかった新たな経験の世界へと飛躍するための、特殊な社会なのだ」といっている。

これは明らかに経験主義教育への批判である。そして興味のあることには、ソヴェトがすでに一九三〇年代にアメリカ教育の影響がもたらした学校無用論的傾向を批判して、学校の特殊性、したがって科学の基本を系統的に学習することを強調したことが想起される。その後のソヴェトは一貫して唯物弁証法の立場に立って科学の系統化の課題にとり組んでいるのである。そのことが宇宙征服の輝かしい成果となったことを今日疑う人は誰もいないであろう。逸早くそれに気づいたのは外ならぬアメリカの科学者であった。

ブルーナーが『教育の過程』のなかでたえずふりかえってモデルとしたPSSCの指導的立場にあったマサチューセッツ工科大学物理学科のザカリアスとフリードマンはウッヅ・ホール会議の参加者でもあったが、つぎのようにのべている。

「従来アメリカにおける教科書は物理を工業その他の実用面で役立てるという観点で書かれたものが多いが、高等学校教育の目的からいってこれは間違いである。自然界に関する種々の事実の発見とこれを統一する学理とは人類がその好奇心と必要性とを満足させようとするたゆまない努力によって生れたものである。われわれの作った物理的世界像は実に人類の思考の勝利品である。そうしてこの世界像とこれを形造る筋道こそは文化の最も本質的な部分に他ならない。

次の時代において、種々の問題を解決し、文化を発展させるという責任を帯びている現在の少年少女には科学の何たるかを十分に知らしめなければならない。これこそ高等学校において物理を教える最大目標で、実用面に役立たせるというようなことは末の問題である」(「訳者の言葉」『PSSC物理 上』岩波書店)

ここに学校は科学の何たるかを十分に知らせることをもっとも重要な使命にしなければならないと明言されている。

だが、科学の基本を教えるということ、カイーロフもいい、またブルーナーがいっている構造を教えるということ、しかも経験主義に対抗して系統的に教えるというとき、その系統的ということばを注意深く吟味する必要がある。わが国で系統学習といわれるときには既成の体系を教え込むといった考え方が一部にあるのではないか。また子どもたちの知的発達の順次性にかみ合った形での、教科内容の系統的配列の研究はいちじるしくおくれているのではないだろうか。もちろん、このことは、当のアメリカにおいても、またソヴエトにおいてもようやく実験の段階に入ったと考えられるのであるが。

そこで、再び科学の基本を知的発達の順次性にかみ合して系統的に教えるという命題を、ブルーナーが第三章「学習のためのレディネス」で詳しく展開している、すでに何度か言及した有名な仮説について改めて検討してみよう。ブルーナーは、ジュネーブ学派の心理学者で、ピアジェとの共同研究者で『論理的思考の発達』*De la logique de l'enfant à la logique de l'adlescent*（英訳名 *The Growth of Logical Thinking from Childhood to Adlescence*）を共著したインヘルダーの影響を強くうけている。彼女はハーバード認知研究所にも関与しており、ウッヅ・ホール会議にも参加しているが、『教育の過程』の「まえがき」にも書いてあるように参加者の一人から草稿の段階で「前操作的思考から操作的思考への推移に関するピアジェの見解が、報告書であまりに重くとりあつかわれすぎていると異議を申したてている」（本文XV頁）ほどである。面白いことに、さきにのべたわが国における教育の現代化の仕事に先鞭をつけたといっていい数教協による水道方式は、実はピアジェの心理学の影響を強くうけとっている。とくにピアジェの *La genèse du nombre chez l'enfant*（遠山啓、銀林浩、滝沢武久共訳『数の発達心理学』国土社）に負うところが多いようである。つまり、数学をまず量の把握からはじめ、量を実在と結びつけ、それを基礎にしながら現代数学の考えを徐々に形成してやるというピアジェの考え方にである。遠山啓氏はその訳書の序文で、

「さいごに注意しておきたいことは、著者が心理学者の立場を厳重に守っていて、外から子どもに教えることは避けていることである。つまり外から教えなかったときの子どもが探究されているのである。このような子どもに外から何をどう教えたらどのような反応をするかは、つぎの

新しい問題であり、算数教育はそこから始まるのである。そのような仕事は現場の実践家の任務となるべきものである」といっている。しかし、ピアジェのこの「外から教えなかったときの子どもはどのように反応するか」という立場そのものが実は問題になるところなのである。たとえば、ヴィゴツキーの批判、ワロンの批判などがあらわれてくるのはそこからである。ヴィゴツキーはつぎのようにいっている。

「ピアジェが明かにした法則性、かれが発見した事実は、普遍的意義をもつものではなく、ある限られた意義しかもたない。それはこれこれのところでは、ある一定の社会的環境では真実となる。子ども一般の思考ではなく、ピアジェが調査したような子どもの思考は、そのように展開する。ピアジェの発見した法則性が自然の永久の法則ではなく、歴史的・社会的法則であるということは、シュテルンのようなピアジェの批判者によっても指摘されているほどに明白である。ピアジェが、幼児期の全期間を通じ、七歳まで子どもが社会的にではなくむしろ自己中心的に語り、この年齢期の境界を過ぎてはじめて言語の社会的機能が優勢になりはじめると主張したのは、あまりの言い過ぎである。」(参照、柴田義松訳『思考と言語』明治図書)

ワロンはつぎのようにいっている。

「はじめ、無制限の個人主義が、自閉性と自己中心性というかたちであらわれる。つぎに、排他的態度がなくなり、特権的なものが平等となり、知覚したり思考したりするすべての人たちのあいだに、正しい双務性が生じる。これ以上『エミール』と『社会契約』との交替に似ているものはないだろう。『ジュネーブの市民』(ルソー)は、ジャン・ジャック・ルソー研究所教授(ピアジェ)にインスピレーションをあたえたようにおもわれる。それはどんな種類の影響だろうか。

しかし、もしこの一致が偶然だとするならば、注目に価する。頑強なイデオロギー的態度の力が、これ以上にしめされているものはないだろう。

だが、ピアジェの主張がどれとおなじだったとしても、観察データーに対応しているようには、おもわれない。彼の主張は、子どもと環境とのじっさいの関係には一致していないのだ。この関係は、ただ順々にあらわれてくるものでもないし、純粋な推理や、知的直観にもとづくものでもない。子どもの生活は、はじめから、その環境とまじり合っている。この場合、子どもの心性のあらゆる面に属している作用、反作用が、媒介の役目をはたしているのである。」(参照、滝沢武久訳『科学としての心理学』誠信書房)

ヴィゴツキーもワロンもともに、ピアジェが社会的状況の意義を充分に評価しなかったこと、並びに前操作的段階の思考に果す言語の役割についての軽視を非難しているのである。そして家庭や社会的環境、とくに言語と子どもとの関係を徹底的に綿密に問題にしなければならないことを指摘している。子どもが言語を習得する瞬間から、すでにあらわれる言語の社会的機能の本源的性質を吟味してみる必要があることを主張しているのである。ピアジェは、以上のような批判に対して、もちろん反批判の論文を書いている。

ところですでにのべたように、ブルーナーが指導するハーバード認知研究所では、認知に及ぼすパーソナリティや文化の要因、ことに最近では積極的に言語の要因を、パブロフの第二信号系以来の心理学から積極的に学びとろうとしている。これはこれまでのアメリカ心理学にみられない新しい傾向である。と同時にピアジェの心理学もここでは前から研究されているのである。研究所員のダン・スロビンは、ジュネーブ学派の仕事から結論される予測とソヴエトの心理学者たちの結論からくるものを比較する作業をはじめ、またロシヤ語で書かれた研究報告の重要なものを定期的に翻訳する仕事をはじめている。

このことは、ブルーナー自身とハーバード認知研究所の今後の発達にとってかなり重要な意味をもっている。いまの段階で、この外からの二つの流れがどのように折衷され、またどのようにここで独自の認知の心理学のなかに摂取されてゆくかは分らない。だが、『教育の過程』でみられることだけに限定してみても、それはピアジェの心理学からの結論からの影響はきわめて大きいとしても、子どもの思考の特色を大人の思考から厳重に区別して、子どもには子どもの思考の特色があるのだから、子どもには独自の教育的配慮が必要であるという、従来の児童中心主義的な立場へ逆もどりした結論を出しているのではない。むしろその反対である。

「子どもをおとなの犠牲に供するのが誤りであると同じように、おとなを子どもの犠牲に供するのも誤りである。生活教育がいつも児童の興味に合致すると考えるのは、センチメンタリズムにすぎない。それは児童に成人社会のやりかたを口まねさせるのが、空虚な形式主義であるのと何ら選ぶところがないのだ。興味というものは、創り出すことも、刺戟して伸ばすこともできるのだ。」(参照、前出「デューイの後に来るもの」)

ブルーナーに従えば教育の目標は鍛えられた理解ということであり、それが教育の過程である。レディネスは作りだすことのできるものであって、その自然発生的に熟する時期を待つ必要はない。すでに年少の頃から子どもは自然の発達の過程において社会(文化や言語)によって教育されているのであって、知的発達の特性さえ把握しておくならば、教えること、鍛えること、レディネスを作ることは決して子どもを犠牲にすることにならない。

「どの教科でも、知的性格をそのままにたもって、発達のどの段階のどの子どもにも効果的に教えることができる」という方向がでてくる所以である。この結論を注意深く検討すれば、そこにはつぎにのべるような条件が付されている。

「子どもは、具体的操作の段階に入ると比較的早い時期に、数学、自然科学、人文科学、社会科学のかなり多くの基礎的観念を、直観的、また具体的に把握することができるようになる。だが、それができるのは具体的操作の点からだけである。」(本文四十八頁)

つまり、科学を形式的な概念の体系として把握し、概念的に説明することはできないけれども、子どもの具体的操作の段階であやつりうる具体的思考にうったえれば、子どもは科学の基本をその内容において把握することが可能であり、そのような訓練をへた子どもたちは、きわめて容易に形式的な概念をそなえた、最も進んだ科学へ進むことができるようになるというのである。いわゆる知的早期教育は、単純に、既成の教育内容をそのまま低学年に下すことだと理解されている場合がないでもない。児童中心主義は子どもの知的能力を過小に評価する傾向があった。しかし、その反対としての知的早教育は児童の知的発達の特性を無視することがあってはならないのである。具体的に子どもの知的発達の順次性にかみ合った教材を工夫するのは容易ではない。だが、そのためには当然のこととして、教師自身がもっとも進んだ科学をよく理解しているのでなければならない。集合論を完全に習得している人でなければ、集合論を子どものことばに翻案することができないからである。

『教育の過程』では、また発見の学習、創造性の教育という重要な問題も提起されている。残念ながら、ここでは最早解説する余裕がない。ただ一言付言したいのは、ここでも子どもに発見の学習を教えるためには、教師自身が自らその範とならなければならないという、まことに当然ながら、よく考えてみれば厳しい態度がブルーナーによって出されていることである。結局、優れた教育課程がつくられるのも、その教育課程によって教えるにしても、優れた教師の力量如何にかかわっている。もちろん、われわれは教師がすぐれた学者であれといっているのではない。新たな学問の前線を開拓するのはもちろん各学界の学者の任務である。一方ではおのおの教科の母体となる自然科学、社会科学、人文科学の各分野において、他方では子どもの心理の特性を明らかにする分野において学問は日々発達をとげている。この間の橋渡しをする「教育」の分野を担当するのが教育学者である。教育学者には教科の教育以外の教育研究も重要である。しかし、教科教育はこれまできわめてそのかげがうすかった。教育学者がそれに無能であったというのはいいすぎであろう。しかし得意でなかったのは事実であり、それが恐らく無意識に反映して、その他の学界の発言を封じ、また敬遠したことになったのであろう。

また、学者、科学者のなかには、教育課程の改訂——つまり、これまでのべたような意味での教育の現代化に関心を示すひとも決して少なくないのであるが、それが十分に組織され、厳密な意味での自由が保証されて、真理を愛する人たちに支持されるような成果をうみだすに十分に体制ができていないのは極めて遺憾である。

教育課程の現代化という画期的な仕事には、各学界の学者＝教育学者＝教師との緊密なチームワークと、教育研究に必要な学問の自由、教育の自由が絶対必要な条件である。それとともにこのわれわれの解説の過程で明らかになったような、学問研究の国際協力・交流の重要性を、われわれは痛感せざるをえないのである。

アメリカの教育の現代化の方向を知るうえでこの『教育の過程』はもっともよい参考文献であると同時に、この書物が、わが国の教育の改善進歩にわれわれが積極的にとりくむための貴重な一つの刺戟となることを信じてここに訳出を決意したものである。

この書物の刊行が企画され、そして今日出版されるまで強力に援助されたのは勝田守一氏である。出版を決意され、出版に伴う繁雑な事務を労とせず、最後まで忍耐強く激励された岩波書店のかたがた、とくにわれわれと直接交渉のあった山鹿太郎氏、中島義勝氏、古荘信臣氏、学術上の専門語について助言をいただいた阿部浩一氏、蜂屋慶氏、吉良竜夫氏、最初にアメリカでこの書物が重視されていることを教えて下さった当時在米中の外務省の古川栄一氏、訳文の文体で助言下さった名村美智子嬢、校正や索引で援助いただいた沢登、西川両氏、その他、数知れずこの書物の刊行までに有形無形の援助や助言を下さったかたがたがいる。ここに、これらのかたがたに心から謝意を表する次第である。

解説・補足

I

『教育の過程』原書の初版は一九六一年に出版され、現在、十九カ国語に翻訳されているが、最初はソヴィエトで、続いて、私たちの手によって一九六三年(昭和三十八年)日本語に翻訳された。アメリカ内外における反響は、予想を遥かに越え、六〇年代の世界の教育改革の有力な指針として一躍世界の教育界の注目を集めた。日本訳の「解説」において、私たちは多少控え目につぎのようにいった。

「これらの最近の動きが(訳注・新教育課程《ニュー・カリキュラ》と呼ばれる諸プロジェクトと『教育の過程』による理論化)アメリカ教育史において、果してエポックを劃するような重要性をもつかどうかの評価は現在の時点では困難である。だが、アメリカ教育は大きな転換期を迎えているのは事実であり、その時期のモニュメントとして『教育の過程』が浮びあがっているといっても過言ではあるまい」(本書一四二頁)と。

だが、事実は、私たちが考えた以上に高い評価を得、モニュメントとして不動の地位を占めるにいたっている。

わが国ではどうか。教育課程論を研究している者として、私たちは、六〇年代という大きな社会的変革の時代に直面して、これまでの系統主義か経験主義かという単純な二者択一にあきたらず、新たな突破口《ブレーク・スルー》を模索していた。その時『教育の過程』が新鮮な発想を提供してくれたのである。そこでつぎのような「解説」となった。

「アメリカの教育の現代化の方向を知るうえでこの『教育の過程』はもっともよい参考文献であると同時に、この書物が、わが国の教育の改善進歩にわれわれが積極的にとりくむための貴重な一つの刺戟となることを信じてここに訳出を決意したものである」(本書一五九頁)と。

「解説」で説明したように、私たちは副題として「教育の現代化」を考えていた。教育課程論の文脈で用いられている現代化は日本語であって、ブルーナー自身またアメリカの教育課程論では全く使われていない。『教育の過程』が現われる以前に、遠山啓氏らが指導していた民間教育団体の数学教育協議会は「数学教育の現代化」の運動を展開していた。私たちはそれを借用したのである。現代化の言葉を始めて用いた遠山氏は、それを定義して(1)科学技術の高度の発展が予想される二十世紀後半の時代に生きる子どもにふさわしい数学教育をつくりかえる、(2)内容的には現代数学の成果や方法を積極的にとり入れるものとしている。これはアメリカでいえば、すでに五〇年代初期から着手されていた新数学《ニュー・マス》のＵＩＣＳＭ（イリノイ大学学校数学委員会）プロジェクトをはじめ、国際的にも現代数学の導入の傾向と一致している。

『教育の過程』の積極的意義は、数学、さらにはＰＳＳＣ（物理学研究委員会・『ＰＳＳＣ物理』岩波書店）に代表される自然科学の新教育課程プロジェクトの研究成果に依拠しながら、その後、学問性中心の教育課程(discipline-centerd curriculum)と総称されてきた教育課程の類型を理論化し、白眉とされる「ブルーナー仮説」（本文四二頁）を提起していること、そしてその仮説では、教え方次第で現代科学の学問的基礎概念をその知的性格を保ちながら、どの年齢のどの子にも教えうると主張したことである。現代化にこの視点を加えることが重要である。

『教育の過程』の本文では、「物理を学習している男の生徒はいわば物理学者なのであって、その生徒にとっては、物理学者がするように物理を学習することのほうが、ほかのなにかをするよりも容易なのである」（本文一八頁）という。本書の「一九七七年版まえがき」でブルーナーは、『教育の過程』の執筆時を回顧して、急激に増加しつつある学問的知識を新しい世代に伝達する新鮮な方法が求められるようになり「生徒に対して物理学について語るのでなく、物理学そのものを語るべきだと変ってきたのも当然である。そのような方法には困難が伴うのは十分っているが、知識を伝達し、知的技能を創り出すことを教育の目的とするのであれば、それしか考えられない」(本文xi—xii頁)と、再度確認している。

これは「……について」語るのは教科書であり、それを執筆するのが教職専門の教科教育学者であった従来の慣行に対する痛烈な批判であった。わが国でも、このようなブルーナーの問題提起を、上から子どもに学問的知識を強制する科学主義と解釈する教育学関係の人びとも少なくなかった。

ところが、出版直後、教育学には素人だと自認する人びと、例えば遠山啓氏は「(『教育の過程』は)アメリカだけでなく国際的な視野の規模で起こりかけている運動に共通な発想法を鮮かに表明している点が大へんおもしろい」(『しろうと教育論』国土社)と評し、さらに教育学には素人とはっきりいっているピアジェ研究者の波多野完治氏も「十分な説得力をもって、われわれの共鳴をうながす」(読売新聞夕刊、一九六四年六月二日)ものがあると高く評価し、教育の現代化の聖書であると推賞した。教育の現代化を教育課程の一類型として位置づけようとするならば、現代科学の基礎概念を子どもに習得させる教育の過程の中で、子どもの思考の特性とその育成に関する認知研究から学ばなければならない。『教育の過程』は三十五人の学者による討議をまとめたものであるから、ブルーナーの認知研究の一部が示されているにすぎない。それにもかかわらず、教育課程論に新たな視点を導入した功績は大きい(参照・佐藤三郎「ブルーナーの教育理論とその背景」佐藤三郎編著『ブルーナー入門』明治図書、一九六八年)。

さて、日本版が発表されたすぐその後、日本版ウッヅホール会議といわれた教育改革研究大阪会議が一九六五年(昭和四十年)に発足し、私たちもそれに参加した。趣意書はいう。

「二十一世紀にむかう現代は、画期的な科学・技術の時代、偉大な第二次産業革命の時代となっています。すべてのものが激しくかわり、今なおかわりつつあります。教育もその例外でありません。大いなる教育の再編成の時代、きびしい国際的教育論争の時代にはいり、人々の教育にたいする目覚めも急速に生まれ、かつ立派に拡がりつつあります。

このことは、二十一世紀に生き抜く子どもの教育に直接たずさわる教師にとってはもちろんのこと、科学・学問の正しい発展にたいして直接の責任を負っている学者・研究者にとっても、さけえない挑戦であり、また絶好のチャンスでもあります。

そこには、現代科学の最高水準からの教育内容の根本的な検討という課題とそれに見合う科学的で、民主的な教育体系確立の要請があります。わたしたちは、こうした課題や要請にこたえ、すべての英知を結集して、日本の教育の現代的改革についての総合的な研究をはじめるべきだと考え、ここに教育改革研究大阪会議を結成いたします」と。

詳しいことは、この会議の研究報告書(『未来からの挑戦と教育の現代化』一九六六年、『教育改革への提言』一九六七年、明治図書)にゆずるとして、会議は、一方で当時、文部省、中央教育審議会路線で進められようとしていたいわゆる「多様化政策」が、世界の教育改革の方向に背馳していると指摘するだけでなく、むしろ積極的には、それへの対案として現代化の教育課程を試案として提起した。そのさい『教育の過程』やアメリカの新教育課程プロジェクトが有力な資料となった。

もちろん、文部省としても、大きな運動となってきたアメリカの新しい教育課程の展開を黙視していたわけではない。また、私たちの訳した『教育の過程』が日本の教育界に爆発的ともいえる反響をまきおこしたことを無視することができなかったのであろう。文部省教育白書『昭和三九年度・わが国の教育水準』(帝国地方行政学会)は、アメリカの新教育課程をかなり詳しく紹介し「わが国でもこれらの新しい考え方や傾向に強い関心が示されているが、具体的に小・中・高校にどのように取り入れるか、さらに従来からの内容についてどのように新しい観点から再検討するかなどについては今後の研究にまつべきものが大きい」(五六頁)とのべている。はたせるかな、その直後の一九六五年(昭和四〇年)、文部大臣は教育課程審議会を召集し、教育課程の改善を諮問した。「時代の進展、児童生徒の発達段階に即して教育内容の改善をするため」「基本的事項を精選し、指導内容を集約」したという改定学習指導要領(小学校昭和四十三年、中学校四十四年、高校四十五年)は、文部省の担当課長の口からも「現代化」に留意したと解説された。そのような文部省の御墨付もあって当時の改定は現代化という形容詞を与えられ、日本版『教育の過程』のいっそうの普及に拍車をかけることとなった。遠山氏らの第一次の現代化は反文部省のレッテルをはられていたが、学習指導要領の改定とともに第二次の現代化が教育界のブームとなって登場する。

後でのべるはずだが、わが国で現代化が声高く叫ばれて、すでに誤った流行化の弊が出かかっていた一九七〇年代の初頭において、当のアメリカでは早くも退潮期にはいっている。それは『教育の過程』に代表される新教育課程の理論の欠陥というよりは、六〇年代には予想もつかなかった学校体制《エスタブリッシュメント》への告発という社会変動からの影響といった方が正しい。

わが国の問題として考えるべきことは、私たちが「解説」で注文したような「教育課程の現代化という画期的な仕事には、各学界の学者＝教育学者＝教師との緊密なチームワークと、教育研究に必要な学問の自由、教育の自由が絶対必要な条件」(本書一五九頁)が準備されることなく、外国の研究成果の安易な模倣、借用でもって学習指導要領の改定がなされたこと、それと対応する教師の再研修が不十分であったことであり、従って結果的には、現代化による教育内容の精選どころか、かえって学習負担の過剰をもたらし、教育内容の高度化が意図と異なって難解なものとなり、不評を買うこととなった。だが、それよりも致命的な原因は、いかに理論的に優れた学習指導要領が準備されたとしても、年々深刻化してきているわが国の受験体制は、それを無力化する猛威をふるっているということである。

時代は移って、一九七七年(昭和五十二年)再び学習指導要領が改定された。高校の場合、その翌年となる。アメリカと異なってわが国の学習指導要領は法的拘束力を有する全国統一基準であるから、行政施策の一貫性を保つ必要もあって、ラディカルな改変はほとんど見られない。従ってほぼ一〇年に一度教育思想が振子の左右の揺れのように変化することも、また、同時代に全く相反する教育思想が鋭く対立するという、よくいえばダイナミック、悪くいえば住民の人気取りの現象は起ってこない。わが国の学校教育が今では世界も羨望する効率の高さを誇っているのは、一つには安定した教育課程行政に起因するといわれている。教育の現代化が、単に教育内容だけではなく、教育経営や教育方法、さては教育機器の導入までを含めて拡大解釈された一時の熱気は失せ、代って、「人間性豊かな教育」とか、最近では子どもの能力と適性に応じた「個別化教育」が提唱されるようになっても、国が学校教育の主要な目標として「基礎・基本の重視」をかかげていることに変わりはない。もちろん、基礎・基本は教育課程論の用語として厳密に定義されてはいない。だが、それらの語を用いる場合、『教育の過程』が提起した考え方を少なくとも一つの重要な手がかりとしていることは間違いないと、私たちは理解している。

Ⅱ

一九七一年、ブルーナーは、これまでの教育関係論文を集めた『教育の意義について』を発表した。これらの論文は一九六四年から一九七〇年代にわたって執筆されたものであり、アメリカでいえば、黒人の人権闘争、ベトナム戦争介入などによって触発された学園紛争の高潮期にあたる。学校そのものを腐敗し硬直化し、権威主義的な官僚体制としてみなした若者は、激しい学校告発の運動を展開してくる。教育とは何か、学校とは何か、一体それらは教育を受ける者にとってどのような意義《レリバンス》をもつかという原点からの問いかけに対して、学校聖域論で育った大人たちや教師は若者を納得させる答えに窮し、若者への譲歩を余儀なくされたのである。『ブルーナー自伝』(*In Search of Mind, Essays in Autobiography*, Harper & Row, 1983)によれば、彼自身、ハーバード大学紛争にさいしては、進歩派の教授として学生と対応したという。だが激しくて巨大な学園紛争運動は、個人の力量で対応できる生易しいものではなかった。書名のなかの『意義《レリバンス》』は明らかに時代を意識したものである。

一九六四年、主として黒人を対象として、平等な市民権を与える公民権法が成立したのにつづいて、翌年黒人が多く含まれる貧困層の就学前児のための教育強化対策ともいえる補償教育として「ヘッド・スタート計画」が連邦政府援助金を得て発足した。『教育の過程』をよく読めば、「ブルーナー仮説」の必然的展開として、正しい意味での早期教育介入の必要を暗黙のうちに説いていることが分る。また、『教育の過程』作成とその後の大きな反響のため〝教育〟の仕事にいやおうなくたずさわっていた間にも、本来の認知研究の不可欠の分野として乳児期からの認知作用の特性の学問的解明に従事していたのであり、その最初の成果が一九六六年『認知的成長の研究』(*Studies in Cognitive Growth*, Wiley)であった。そのような次第で、彼はヘッド・スタートの設立に強くかかわり、また初期保育を研究するホワイトハウス諮問委員会のメンバーとして活躍した。以上のような経験から、黒人問題を契機として起ってきた六〇年後期からの、教育の意義を問う学園紛争には——その運動形態はべつとして——人並以上の理解をもっていた。

『自伝』はいう。

「一九六五年から七〇年の間は教育関係者には必死の模索の年であった。知性の育成(訳注・六〇年初期の新教育課程プロジェクト)と教育の機会均等の促進(訳注・ヘッド・スタート・プロジェクトなど)という二つの異なった教育上の理想を同時に考えるのは容易でない。二つは論理的には矛盾しないが、それぞれが異なった同調者を求め、それぞれが予算を請求して衝突することがある。

両者間の綱引きはいつか止むであろう。国としては、一方で複雑な社会秩序の維持・継続のために高度の知性の育成と、他方では永久に疎外され、教育のない、そして雇用されることの困難な下の階層の成立を阻止しなければならない」(p. 196)と。

六〇年代初期の教育課程運動が挫折したのはなぜか。原因はさまざまである。ベトナム戦争に要した高い戦費、石油ショック、経済低迷などによる教育研究費の削減もあるが最大の原因は前述した学校告発の激しい運動である。この運動と連動して一九六七年頃からイギリスの幼児学校に触発された「オープン・エデュケーション」への関心が急激に高まり、学校の管理主義の枠を破ろうとする総称して人間中心教育とよばれる改革運動が表舞台に登場してくる。最近アメリカの戦後教育史を丹念に追跡した労作(Ravitch, D., *The Troubled Crusade*, Basic Books, 1983)を発表したラヴィッチはこの時代を「進歩主義の復活」と形容しているが、一九七一年のシルバーマンのベストセラー、『教室の危機』(Silberman, C. E., *Crisis in the Classroom*, Vintage Books, 1971)をピークとして早くも七四年には「オープン・エデュケーションは死滅した」と報告している。彼女は当のイギリスでは、どのような教育思潮が隆盛になろうと、イギリス人は常に中庸に心がけ、教授上の規律と自由表現の調和が保たれていると指摘し、アメリカの過剰反応を警告している(p. 256)。過剰反応はべつに新しいことではない。六〇年代初期の新教育課程プロジェクトは、高度経済成長期の潤沢な資金を得て花と咲いたが、学者発想が先行するあまり、教師を素通りする性急さがあった。ブルーナーの『教育の過程』の真意ではなかったが、新教育課程は国策としての自然科学教育優先、英才児の重点育成に利用されたのが現実である。

一九七二年、ブルーナーは東京で開かれた国際心理学会において、日本の心理学者の要請に応じて『未成熟期の性格と利用』(ブルーナー著、佐藤三郎編訳、『人間の教育』誠信書房、一九七四年に収録)の題で招待講演を行っている。現代化を標榜した学習指導要領改定の直後であり、来日直後NHKテレビを通じて紹介されたブルーナーは「日本の教師によって街頭でも顔を知られるほどの」(『自伝』p. 185)注目をあびたが『教育の過程』に直接触れることなく、専ら乳幼児の認知作用を専門術語を用いて語るだけで、教師を落胆させた。彼の夢の作品といわれている人類学のアプローチを用いた社会科教科書『人間——その学習指導要領』(*Man—A Course of Study*)が、そこでの人間の説明が進化論的で神による創造と認めないものだとの攻撃を受け、教育課程研究への情熱が失せていたのである。一方、日本の教師たちは『教育の過程』で彼が主張しているメイン・テーマである仮説の真意を理解し得ないで、彼としてはむしろ教育課程プロジェクトの開発者たちの主張を受けいれて書いた教科構造論に関心が向いていた。

また、ミラーとともに一九六〇年に創設したハーバード大学認知研究所のユニークな認知心理学研究は、言語心理学はもちろん社会科学・人文科学まで含めたもので、アメリカの伝統である機械論的、経験主義的心理学の枠を越えて〝認知革命〟ともいわれる新方向を開拓しようとしていたが、アメリカではいっこうに受け入れられず、このころ財政援助を断たれたため嫌気がさし、オックスフォード大学への転出を決意したようである。

オックスフォードには一九七七年まで在職し、その間、イギリスの教育科学者からたのまれて、『イギリスの家庭外保育』(*Under Five in Britain*, Grand McIntyre, 1980. 佐藤三郎訳、誠信書房、一九八五年)をまとめた。

「一九七七年版まえがき」でのべているように、このころ、アメリカでも大まかにいえば一九六五年から七五年までの人間主義教育、彼の言葉でいえば、反知主義・ロマンティシズムにもとづく学校告発運動の過剰反応に歯止めがかかり、失われた「均衡の再調整の時期」を迎えていた。最初の再調整は、教育理論というよりも、若者の反逆・社会体制の緩みから生れた学力と規律の低下に不安を感じた親の側からの「古きよき時代」を郷愁する保守的復古主義のムードから生れた。いわゆる「基礎にもどれ」(Back to Basics)であって、学問性ではなく、三つのR(読・書・算)の基礎技能の訓練による強化を求めたものである。ブルーナーも知的技能の習得には大きな関心をもっているが、基礎技能のように狭いものではない。

だがブルーナーが望みをかけたカーター・モンデール政権は教育改革に成果をあげ得ることなく、皮肉にもカリフォルニア州知事時代にキリスト教保守派を代弁して『人間――その学習指導要領』の攻撃を主導したレーガンが大統領になった一九八〇年頃から、史上最大の規模とされる連邦政府が音頭をとる教育改革が起ってきた。その理論的さきがけとなったのは一九八二年のM・アドラーの『教育改革宣言』(佐藤三郎との共著、教育開発研究所、一九八四年、Adler, M., *Paideia Proposal*, Macmillan)である。『教育改革宣言』の訳者の「解説」に詳細に説明したように、アドラーの教育改革の思想では、『教育の過程』のブルーナーの問題意識とほぼ一致して、大衆のための質的に高い教育内容の復権を主張している。事実、教育改革を求める八〇年代の社会的状況は六〇年代初期と酷似している。だから、いま再び『教育の過程』を読み返す意義は十分にあると私たちは確信する。これについては拙著『ブルーナーの「教育の過程」を読み直す』(明治図書、一九八六年)に詳しく解説した。ここで触れる余裕はなかったが『教育の過程』以後、ブルーナーの理論は学際的分野に拡がって豊かさを加え、乳幼児期にはじまる文化と習得言語発達の観点に立って、人間の認知の作用(機能主義)の研究が続けられている。

『二〇世紀の世界の思想家』(*Thinkers of the Twentieth Century*, Macmillan, 1983)の四〇〇人の一人にあげられ、またスローン財団が彼に『自伝』を書かせたのも、彼の卓越した学問的業績をたたえたからである。『自伝』の標題は、まさに彼の永遠のテーマ『知性の解明に向けて』であり再びニューヨーク市にもどった七〇歳を越えた戦闘的学者ブルーナーの今後の活躍を期待したい。

このたび装を改めるにあたっては、「一九七七年版まえがき」を増補するとともに読者からの質問に答え、訳者自身がより適切と考えた表現への変更を一部行なった。訳語を選ぶについて、再び阿部浩一氏の助言を得、言語学の用語では増山節夫氏の援助を得た。清書その他の用件では西尾範博氏の協力を得た。深い感謝の意を表するものである。

一九八六年八月

訳　者

索　引

ア　行

カ　行

サ　行

タ 行

ナ 行

ハ 行

マ　行

ヤ　行

ラ　行

■岩波オンデマンドブックス■

教育の過程　J. S. ブルーナー

1963年11月30日　第1刷発行
2010年6月3日　第48刷発行
2014年9月10日　オンデマンド版発行

訳 者　鈴木《すずき》祥蔵《しょうぞう》　佐藤《さとう》三郎《さぶろう》

発行者　岡本 厚

発行所　株式会社 岩波書店
〒101-8002 東京都千代田区一ツ橋2-5-5
電話案内 03-5210-4000
http://www.iwanami.co.jp/

印刷／製本・法令印刷

ISBN 978-4-00-730130-8　Printed in Japan